汽车检测设备的使用

主编 郭 崇

浙江工商大学 出版社
ZHEJIANG GONGSHANG UNIVERSITY PRESS
·杭州·

图书在版编目(CIP)数据

汽车检测设备的使用 / 郭崇主编. —杭州:浙江
工商大学出版社,2014.4(2025.1 重印)
ISBN 978-7-5178-0275-4

Ⅰ.①汽… Ⅱ.①郭… Ⅲ.①汽车-检测-车辆维修
设备-中等专业学校-教材 Ⅳ.①U472.9

中国版本图书馆 CIP 数据核字(2014)第 010685 号

汽车检测设备的使用

主　编　郭　崇

责任编辑	周敏燕
封面设计	王妤驰
责任印制	祝希茜
出版发行	浙江工商大学出版社
	(杭州市教工路 198 号　邮政编码 310012)
	(E-mail:zjgsupress@163.com)
	(网址:http://www.zjgsupress.com)
	电话:0571-88904980,88831806(传真)
排　版	杭州朝曦图文设计有限公司
印　刷	广东虎彩云印刷有限公司绍兴分公司
开　本	787mm×1092mm　1/16
印　张	9.5
字　数	216 千
版印次	2014 年 4 月第 1 版　2025 年 1 月第 3 次印刷
书　号	ISBN 978-7-5178-0275-4
定　价	19.00 元

前言
PERFACE

　　汽车检测诊断技术不断飞速发展,汽车检测诊断已经从最初的汽修人员的经验诊断,发展到现在使用专用检测设备诊断。传统的检测方法已不能满足现代汽车检测需要,要依靠各种先进仪器设备,对汽车进行综合检测诊断。因此熟练使用汽车检测设备已经成为检测维修人员必备的维修技能。本书作者在总结多年实训教学经验的基础上,本着实用性的原则,详细介绍了汽车常用检测设备的结构、使用方法,同时突出了新设备、新技术的应用。本书力求文字简练、通俗易懂,图文并茂由浅入深,突出操作技能,注意理论与实践的结合,具有较强的针对性与实用性,是职业院校汽车运用与维修专业教材,也可作为汽车维修、汽车运输、汽车检测站技术人员的参考书。

　　本书由长兴职教中心汽修教研组负责编写,郭崇主编并统稿。编写分工如下:郭崇负责编写任务 1、2、10、11、13、14,丁小强负责编写任务 3、6、9、15、16,赵俞剑负责编写任务 4、5、7、8、12,全体编委参加审定工作。

　　由于编者水平有限,书中不妥之处在所难免,敬请广大读者提出修改意见和建议,以求不断改进和完善。

编　者

2014 年 4 月

目 录
CONTENTS

任务一　南华尾气分析仪的使用

【任务目标】

掌握南华尾气分析仪的使用方法,通过测量数据判断汽车排放的尾气是否符合国家排放要求,通过对汽车尾气中的 CO、HC、CO_2 和 O_2 等排放成分的检测对发动机故障进行诊断。

【任务描述】

奥迪 A6 轿车 V6 2.8 L 电控发动机怠速时有轻微抖动,加速迟缓。使用南华尾气分析仪检测汽车尾气,通过所测量的结果进而分析故障原因,经汽车故障检测、诊断排除其故障现象。

【任务准备】

南华尾气分析仪结构

1.仪器的组成(如图 1-1 所示)。

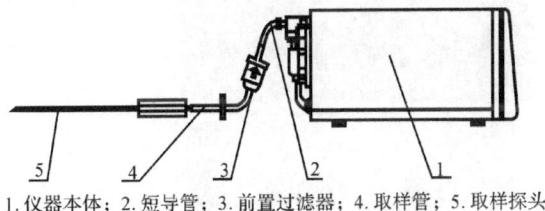

1.仪器本体；2.短导管；3.前置过滤器；4.取样管；5.取样探头

图 1-1

2.仪器控制面板(如图 1-2 所示)。

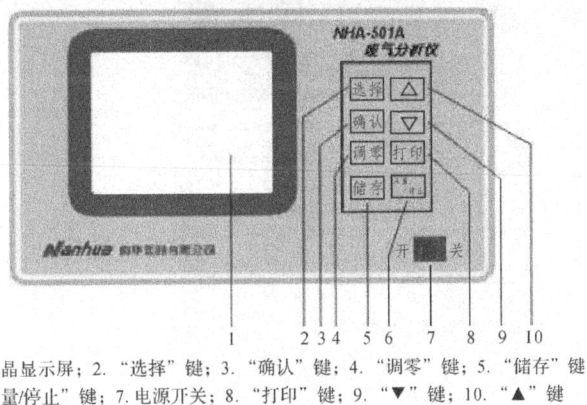

1.液晶显示屏；2.“选择”键；3.“确认”键；4.“调零”键；5.“储存”键
6.测量/停止”键；7.电源开关；8.“打印”键；9.“▼”键；10.“▲”键

图 1-2

3.南华 NHA500 尾气分析仪仪器操作界面说明。如表 1-1 所示：

(用▲▼ S键选择,K键确认)	
测量方式	通用 √怠速 双怠速
冲　程	√四冲程　二冲程
燃料种类	√汽油　液化气
点火方式	单次 √二次
开机检漏	√有　无
→退出	

【任务实施】

一、尾气分析仪的安装

操作步骤	图　示	说　明
1.准备仪器。		将尾气分析仪放到操作台上。
2.连接机油测量导线。		根据文字提示连接导线,插入插头时,先拉锁止环,然后对正插头上的条形凸起处和插孔内的凹槽。
3.连接转速测量钳。		根据文字提示连接导线,插入插头时,对正插头上的凹槽和插孔内的条形凸起处。

续 表

操作步骤	图 示	说 明
4.连接电源线。		打开电源开关,进行仪器的预热。
5.测温头测量机油温度。		取出机油尺,擦净机油尺上的机油,并放在工作台。将机油测温头插入机油导管中测量机油温度。
6.转速测量钳夹在发动机 1 缸分缸线上。		注意分缸线的顺序,测量钳上有"↑"箭头标记,指示测量钳朝向火花塞方向。

二、尾气分析仪的使用

操作步骤	图 示	说 明
1.实行仪器的检漏检查。		根据任务一连接仪器,打开仪器上的电源开关,将密封套套装在取样探头上,检漏检查后仪器自动调零。

操作步骤	图 示	说 明
2.实行仪器的设置操作。		要设置正确,否则影响测量。
3.安装尾气测量探头。		把密封套拆下后将测量探头插入到汽车的排气管中,准备进行尾气的测量。
4.汽车尾气的测量。		起动汽车,发动机冷却液温度 85 ℃、机油温度 78 ℃时,才能根据预先设置的测量方式进行测量。
5.记录所测数据。		记录仪器显示屏上的实际测量数值,将数据与桑塔纳 2000GSI 的 AJR 型发动机尾气排放标准值进行对照,确定该车尾气排放是否符合要求。
6.结束测量,整理仪器。		关闭电源,拆下导线,整理仪器,清洁场地。

三、数据记录表

气体含量名称	怠速气体体积			
CO				
HC				
CO_2				
O_2				
NO				

★桑塔纳 AJR 型发动机尾气排放标准值：CO 体积含量＜1.5%，HC 体积含量＜0.06%。

【任务测评】

一、尾气分析仪的安装考核表

序号	考核内容	评分标准	分数	扣分说明	得分
1	仪器的准备	酌情扣分	15		
2	连接机油测量导线	操作错误一次扣10分	15		
3	连接转速测量钳	操作错误一次扣10分	15		
4	连接电源线	操作错误一次扣10分	15		
5	机油测温头的安装	操作错误一次扣10分	15		
6	转速测量钳夹的安装	操作错误一次扣10分	15		
7	安全规范	出现安全事故或违规操作扣15分	15		
8	总分	100	成绩		

二、尾气分析仪的使用考核表

序号	考核内容	评分标准	分数	扣分说明	得分
1	仪器的检漏检查	操作错误一次扣10分	15		
2	仪器的设置	设置错误一次扣10分	15		
3	尾气测量探头的安装	操作错误一次扣10分	15		

序号	考核内容	评分标准	分数	扣分说明	得分
4	汽车尾气的测量	操作错误一次扣10分	15		
5	所测数据记录	数据记录错误一次扣5分	15		
6	整理仪器、清洁场地	酌情扣分	10		
7	安全规范	出现安全事故或违规操作扣15分	15		
8	总分	100	成绩		

三、尾气分析仪检测尾气考核表

序号	考核内容	评分标准	分数	扣分说明	得分
1	仪器的准备	酌情扣分	10		
2	连接机油测量导线	操作错误一次扣2分	5		
3	连接转速测量钳	操作错误一次扣2分	5		
4	连接电源线	操作错误一次扣2分	5		
5	机油测温头的安装	操作错误一次扣2分	5		
6	转速测量钳夹的安装	操作错误一次扣2分	5		
7	仪器的检漏检查	操作错误一次扣2分	5		
8	仪器的设置	设置错误一次扣5分	15		
9	尾气测量探头的安装	操作错误一次扣2分	5		
10	汽车尾气的测量	操作错误一次扣2分	5		
11	所测数据记录	数据记录错误一次扣5分	10		
12	整理仪器、清洁场地	酌情扣分	10		
13	安全规范	出现安全事故或违规操作扣15分	15		
14	总分	100	成绩		

【任务拓展】

一、常见的尾气分析仪类型

1.两气尾气分析仪:两气尾气分析仪是用来测汽车尾气排放中 CO 和 HC 的体积分数的。目前国内所用的两气尾气分析仪大多都不具有自检泄漏的功能,因此采集所得数据的真实性很难保证。

2.四气尾气分析仪:四气尾气分析仪具备两气尾气分析仪的所有功能,而且还能进行故障诊断和分析,它除了能测 CO 和 HC 外,还能测录 CO_2 和 O_2,发动机油温、转速等,以及计算过量空气系数和空燃比。所以四气尾气分析仪不仅可作为环保检测仪器使用,还可作为诊断工具使用。

3.五气尾气分析仪:当 CO 和 HC 降低时,可能会引起尾气中的 NOx 浓度升高,而且 NOx 常常是在高温大负荷的情况下产生的,五气尾气分析仪就能监测 NOx 的浓度。

二、汽车发动机的有害排放物

1.CO 是燃料不完全燃烧的产物,是一种无色、无臭、无味的气体。因此当人吸入 CO 后,血液吸收和运送氧的能力降低,导致头晕、头痛等中毒症状。当吸入 CO 气体的体积含量达到 0.3% 时,可致人死亡。

2.HC 是燃烧产物。HC 在阳光照射下引起光化学反应,产生臭氧(O_3)、PAH(多环芳香族 HC 化合物)等具有强氧化性的物质,形成光化学烟雾。它不仅降低大气能见度,使橡胶开裂,植物受害,刺激人的眼睛和咽喉,而且 HC 化合物中的 PAH 是致癌物质,是导致炭烟的副产物。

3.NO_x 也是一种燃烧生成物,是 NO 和 NO_2 的总称。其中绝大部分是 NO(约占 95%),在燃烧后期或排气过程中,部分 NO 氧化成 NO_2。NOx 对大气环境、植物生长乃至人类身体健康有极大的危害。NO 在大气层中,与 O_3 反应急速氧化成 NO_2 直接破坏大气层。此外,NO_2 是呈红褐色的有害气体,有强烈的刺激味,对肺和心肌等有很强的损害作用。同时,NO_x 和 HC 一样也是形成光化学烟雾的主要元素之一。

三、尾气成分异常的原因分析

1.HC 的读数高,说明燃油没有充分燃烧。汽缸压力不足、发动机温度过低、油箱中油气蒸发、混合气由燃烧室向曲轴箱泄漏、混合气过浓或过稀、点火正时不准确、点火间歇性不跳火、温度传感器不良、喷油嘴漏油或堵塞、油压过高或过低等因素都将导致 HC 读数过高。

2.CO 的读数是零或接近零,则说明混合气充分燃烧。CO 的含量过高,表明燃油供给过多、空气供给过少,燃油供给系统和空气供给系统有故障,如喷油嘴漏油、燃油压力过高、空气滤清器不洁净。其他问题,如活塞环胶结阻塞、曲轴箱强制通风系统受阻、点火提前角过大或水温传感器有故障等。CO 的含量过低,则表明混合气过稀,故障原因有:燃油油压过低、喷油嘴堵塞、真空泄漏、EGR 阀泄漏等。

3.CO_2 是可燃混合气燃烧的产物,其高低反映出混合气燃烧的好坏,即燃烧效率。可燃混合气燃烧越完全,CO_2 的读数就越高,混合气充分燃烧时尾气中 CO_2 的含量达到峰值 13%～16%。当发动机混合气出现过浓或过稀时,CO_2 的含量都将降低。当排气管尾部的 CO_2 低于 12% 时,要根据其他排放物的浓度来确定发动机混合气的浓或稀。燃油滤芯太脏、燃油油压低、喷油嘴堵塞、真空泄漏、EGR 阀泄漏等将造成混合气过稀。而空气滤清器阻塞、燃油压力过高,都可能导致混合气过浓。

4. O_2 的含量是反映混合气空燃比的最好指标,是最有用的诊断数据之一。可燃混合气燃烧越完全,CO_2 的读数就越高;与此相反,燃烧正常时,只有少量未燃烧的 O_2 通过汽缸,尾气中 O_2 的含量应为 $1\%\sim2\%$。O_2 的读数小于 1%,说明混合气过浓;O_2 的读数大于 2%,表明混合气太稀。导致混合气过稀的原因有很多,如燃油滤芯太脏、燃油油压低、喷油嘴堵塞、真空泄漏、EGR 阀泄漏等。而空气滤清器阻塞、燃油压力过高等都可能导致混合气过浓。

任务二　气缸压力表的使用

【任务目标】

利用气缸压力表对发动机气缸压力进行检测,并通过其数值对发动机故障进行分析和诊断,在不解体的条件下检测气缸密封性。

【任务描述】

桑塔纳 2000GSI 的 AFE 型发动机怠速不稳、加速无力,因此使用气缸压力表测量发动机气缸压力进行检查。

【任务准备】

一、气缸压力对发动机性能的影响

发动机动力的大小是由进入气缸可燃混合气的量来决定的。在发动机缸径、缸数一样,点火电路正常的情况下,进入气缸的可燃混合气量越多压缩比就越高,产生的动力就越大,反之亦然。

二、影响气缸压力的因素

1.气门烧蚀,关闭不严。

2.气缸垫不严。

3.气缸盖翘曲变形造成的结合面密封不严。

4.活塞磨损过大。

5.活塞环磨损。

三、气缸压力表的结构

气缸压力表(如图 2-1 所示)是用于检测气缸压缩压力的专用仪表,气缸压缩压力的大小与气缸密封性的好坏有直接的关系。

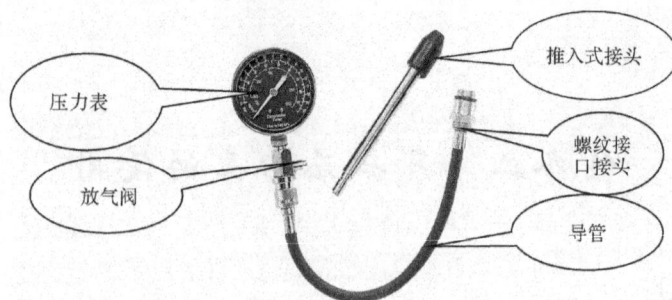

图 2-1

四、测量气缸压力必须具备的条件

1. 蓄电池电力充足。
2. 彻底清洗空气滤清器。
3. 起动机带动发动机运转,转速在正常范围(250 r/min 左右)。
4. 发动机工作温度 70~80℃、油温 40~60℃。

【任务实施】

一、气缸压力的检查

操作步骤	图 示	说 明
1. 启动发动机,使其保持在正常温度。		发动机正常温度:80~90℃。
2. 熄火并等发动机停止运转后,拆下全部火花塞。		清洁火花塞孔周围。

续　表

操作步骤	图　示	说　明
3.使节气门全开,把气缸压力表内存气放净(复"0"),测量气缸的压缩压力。		将压力表的连接头塞入火花塞孔并压紧不漏气。
4.起动机带动曲轴旋转3~5 s(转速不低于150r/min)。		此时仪表上的指针会逐渐上升,到某一数值即会停止,此时的指示值就是气缸的压缩压力,看清并记录压力表读数。
5.指针归零。		按一下按钮,使指针归零。
6.按以上步骤,重复测量2~3次,以提高测量精度,计算平均值。	AFE型发动机的标准气缸压力应为1~1.3 MPa。且各缸的气缸压力差不应大于0.3 MPa。如测定值小于规定值,而进气系统正常,可说明气缸与活塞、缸盖存在泄漏,可能的原因为气缸、活塞、气门、活塞环出现磨损、烧蚀等不良情况。如测定值大于规定值,而进排气系统正常,可能的原因为燃烧室严重积炭。	
7.测试完毕,装回火花塞。		把工量具等放回原位。

【任务测评】

一、测量气缸压力考核表

序号	考核内容	评分标准	分数	扣分说明	得分
1	仪器的准备	酌情扣分	5		
2	起动发动机,使其达到正常温度	操作错误一次扣5分	5		
3	拆下全部火花塞	操作错误一次扣3分	10		
4	清洁火花塞孔周围	操作错误一次扣3分	10		
5	使节气门全开,把气缸压力表内存气放净(复"0")	操作错误一次扣5分	10		
6	将压力表的连接头塞入火花塞孔并压紧不漏气	操作错误一次扣4分	15		
7	起动机带动曲轴旋转,测量气缸压力	操作错误一次扣5分	15		
8	记录气缸压力数值	记录错误一次扣5分	15		
9	安全规范	出现安全事故或违规操作扣15分	15		
10	总分	100	成绩		

【任务拓展】

用气缸压力表诊断发动机故障

遇到汽车发动机故障,通过观察气缸压力表的读数变化,可以迅速准确地诊断出气缸内的一些机件故障。在此介绍4种判断方法。

故障现象	故障原因
现象一:在起动机刚转动的瞬间,气缸压力表的指针上升很少,随着启动机转动时间的延续,指针又慢慢上升,但升高值不大,最终指针不动时,压力表的读数仍很低。	该缸的气门不密封。可能是气门、气门座圈被烧坏,或气门间隙过小,或气门被积碳杂质卡住所致。
现象二:在启动机刚转动的瞬间,气缸压力表的读数很低,随着启动机转动时间的延续,气缸压力由低逐渐升高,但最终读数要比该气缸压力的标准值低。	活塞与气缸壁不密封。可能是活塞环严重磨损、折断或气缸壁磨损、拉伤,或活塞严重磨损所致。
现象三:相邻两气缸的压力相等,且都偏低。	相邻两缸串通。可能是相邻两缸的气缸垫被烧穿或气缸盖、气缸体上下平面不平所致。
现象四:各缸压力普遍都低。	凸轮轴正时,齿轮的半圆键磨损过甚或移位所致。

任务三　燃油压力表的使用

【任务目标】

1. 熟悉燃油压力表的读数方法和量程范围。
2. 熟练掌握燃油压力表的连接方法。
3. 掌握发动机燃油压力的检测方法。

【任务描述】

　　燃油系统的检测就是通过对发动机燃油供油管路中的静态油压、怠速油压、工作油压、急加速油压、保持油压的测量得到数据，为发动机燃油供给系统的故障诊断提供依据。发动机燃油供给的压力的变化直接影响到发动机的工作性能。

【任务准备】

一、油压表的组成（如图 3-1 所示）

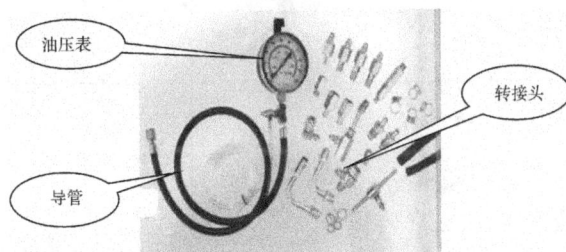

图 3-1

二、燃油供给系统的组成（如图 3-2 所示）

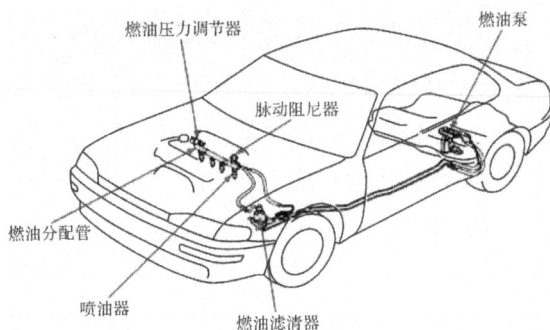

图 3-2

三、发动机燃油压力对发动机的影响

1.发动机燃油系统压力过高：发动机会不容易启动；发动机怠速运转不稳；排气管有"突突"声；发动机动力下降，油耗增加；火花塞有积炭等。

2.发动机燃油系统压力过低：发动机启动后转速不容易提高；加速容易熄火；排气管放炮；汽车行驶动力不足；发动机过热等。

【任务实施】

一、燃油压力表的安装

操作步骤	图 示	说 明
1.准备检测工具。		将燃油压力表放到操作台上。
2.选取合适的接头和连接管。		根据发动机供油管路和接头的大小、连接方式等选取合适的接头和连接管，组装好燃油压力表。

续　表

操作步骤	图　示	说　明
3.组接好油压表。		将选取好的接头和连接管连接好,接头连接牢固,密封良好。

★操作注意事项：

1.待测车辆要停放可靠,严格遵守安全操作规范。

2.操作过程要严格按照步骤进行,不得随意更改项目进程。

3.管路接头连接牢固可靠,以免漏油。

4.不得随意起动发动机,以免发生危险。

二、燃油压力表的使用

操作步骤	图　示	说　明
1.启动发动机。		发动机处于怠速状态下运转。
2.卸除管路油压。		拔下燃油泵保险丝,数秒后由于燃油泵停止工作,发动机会自动熄火。

操作步骤	图　示	说　明
3. 在油管接头处垫上布。		拆卸前在油管接头下垫上布,防止油管中的燃油在拆卸时污染发动机或造成事故隐患。
4. 拆下发动机供油管。		使用扳手等工具松开供油管接头,断开供油管。
5. 安装燃油压力表。		将燃油压力表的2个接头与拆开的供油管接头相连,连接后的管子接头一定要密封良好。
6. 插上燃油泵保险丝。		插上燃油泵保险丝,接通点火开关,处于"on"的位置,此时燃油泵开始工作。
7. 测取静态油压。		插回燃油泵保险丝,接通点火开关,油泵工作数秒后,读取此时油压表显示的油路静态油压。

操作步骤	图　示	说　明
8.测发动机怠速油压。		接通点火开关,发动机处于怠速运转状态,读取此时燃油压力读数,即为怠速油压。
9.测急加速工作压力。		急加速发动机,此时燃油表指针会瞬间偏转,读取此时的燃油表压力读数,即为急加速时的系统油压。
10.测燃油保持压力。		关闭发动机点火开关,10 min后读取燃油压力表的读数,此时的压力就是保持压力。
11.卸下压力表。		与装油压表时方法基本相同,要先卸除管路油压,再拆卸。
12.安全检查和整理工具、清洁场地。		将燃油供油管复原后,检查接头处是否有泄漏现象。测量结束后将工具、工位按"7S"要求整理和清洁好。

★操作注意事项：

1. 注意通风,防止火源,准备好消防设施。

2. 在拆卸燃油管之前一定要先卸压。

3. 油管不得有老化渗漏现象。

4. 密封件、卡扣为一次性零件,维修时应更换。

5. 在起动发动机时注意安全。

三、数据记录表

工况	油压表读数		
静态油压			
怠速油压			
急加速油压			
保持油压			

注意单位换算:1 MPa＝1 000 kPa;1 bar＝1 kgf/cm² ＝97.9kPA＝100 kPa

【任务测评】

一、燃油压力表的安装考核表

序号	考核内容	评分标准	分数	扣分说明	得分
1	工具设备的准备	酌情扣分	15		
2	油管接头的选择	操作错误一次扣10分	20		
3	连接管的选择	操作错误一次扣10分	20		
4	组装油压表	操作错误一次扣10分	30		
5	安全规范	出现安全事故或违规操作扣15分	15		
6	总分	100	成绩		

二、燃油压力表的使用考核表

序号	考核内容	评分标准	分数	扣分说明	得分
1	连接管检漏检查	操作错误一次扣10分	15		

续　表

序号	考核内容	评分标准	分数	扣分说明	得分
2	接头的链接	设置错误一次扣10分	30		
3	接头检漏检查	操作错误一次扣10分	15		
4	油压表的读数	操作错误一次扣10分	20		
5	安全规范	出现安全事故或违规操作扣20分	20		
6	总分	100	成绩		

三、燃油压力表测油压考核表

序号	考核内容	评分标准	分数	扣分说明	得分
1	工量具的准备	酌情扣分	10		
2	接头和链接管的选择	操作错误一次扣2分	5		
3	燃油压力表的组装	操作错误一次扣2分	5		
4	安装油压表	操作错误一次扣2分	10		
5	连接处和连接管的检漏	操作错误一次扣2分	10		
6	卸除油路油压	操作错误一次扣2分	10		
7	各工况油压测量	操作错误一次扣5分	20		
8	所测数据记录	数据记录错误一次扣5分	10		
9	整理仪器清洁场地	酌情扣分	10		
10	安全规范	出现安全事故或违规操作扣15分	15		
11	总分	100	成绩		

【任务拓展】

油压分析：

油压表读数不外乎油压为零、油压正常、油压过高和油压过低4种情况。

若油压为零，先检查油箱存油量，确定油道是否严重外泄及燃油滤清器是否完全堵塞。排除可能性后，油压依然为零，则需检查燃油系统的控制电路，如保险丝是否烧断、继电器是否不工作、油泵电路线束有否开路、油泵是否损坏等。

若油压过高，主要检查压力调节器顶部的真空管是否松脱或破裂漏气，或油压调节器回油管是否堵塞等。

当燃油压力过低或油泵停止工作2—5 min内油压迅速下降，在排除油路向外泄漏的前提下，则说明喷油器之中有泄漏、燃油压力调节器故障、燃油滤清器堵塞、油泵故障的问题。

任务四 车轮动平衡机的使用

【任务目标】

利用车轮动平衡机对汽车车轮进行检测,能迅速地检测出车轮不平衡的位置并使之达到平衡,学习了车轮动平衡机的使用后能正确解决车轮不平衡的问题。

【任务描述】

车轮不平衡会造成振动,从而使汽车的附着力减小,车轮的跳动又会损坏减震器及其他零件。如果车轮动平衡不好会造成轮胎的异常磨损,也会影响车辆的稳定,造成车辆在行驶中车轮抖动、方向盘震动的现象。特别是前轮,震动会通过转向系统传到方向盘,不但影响司机的驾驶,严重的还会导致转向系统的事故。

【任务准备】

一、车轮不平衡的原因

1.轮毂、制动鼓加工时定心不准、加工误差大、非加工面铸造误差大、热处理变形、使用变形或磨损不均匀。

2.轮毂上轮胎螺栓孔分度不均匀或轮胎螺栓质量不同。

3.轮毂轮胎质量分布不均匀或径向、端面跳动大。

4.轮胎尺寸或形状误差太大、使用中变形或磨损不匀。

5.使用修补轮胎或并装双轮胎的充气嘴未相隔180°安装。

6.单胎充气嘴未与轮胎不平衡点标记相隔180°安装也会引起车轮不平衡。

7.轮毂、制动鼓、轮胎螺栓、轮辋、内胎、衬带、轮胎等组装成一体后,累积的不平衡质量误差或尺寸误差太大。

二、车轮平衡机的类型

1.按功能:静平衡机、动平衡机。

2.按测量方式:离车式平衡机、就车式平衡机。

3.按平衡机转轴的支承方式:软式车轮平衡机、硬式车轮平衡机。

凡是可测定车轮左右两侧的不平衡量及相位的车轮平衡机,称为两面测定式车轮平衡机。

三、离车式动平衡机

硬式两面测定车轮平衡机

1.组成（如图 4-1 所示）。

驱动机构

转轴与支承

机箱

制动装置

防护罩

2.安装。

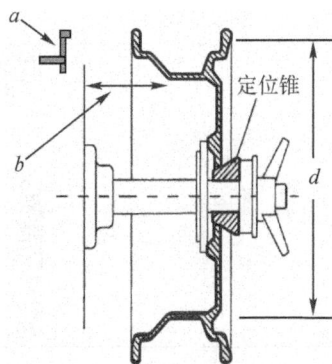

图 4-1

a—轮辋边缘至机箱距离

b—轮辋宽度

d—轮辋直径

【任务实施】

操作步骤	图 示	说 明
1.清洁轮胎。		去除被测车轮轮辋上的平衡块，将轮胎花纹沟里的石子剔除干净，将轮辋处理干净。
2.充气。		检查轮胎气压，并将轮胎充气至规定的气压。

操作步骤	图 示	说 明
3.装入轮胎。		将轮胎安装面朝内,装上平衡轴,选择合适的椎体,用锁紧装置将轮胎锁紧。(椎体一定要对准中心孔,否则可能数据不准)
4.检查机器是否可用。		打开平衡机电源开关,检查指示装置是否指示正确。
5.输入轮胎的相关数据。		拉出尺子测量轮辋距离平衡机的距离、轮辋宽度、轮辋直径,并依次输入测量出来的数据。
6.开始检测。		放下保护罩,按下开始键,平衡机开始带动轮胎旋转,测量开始,注意不要站在轮胎附近以免发生危险。
7.测出不平衡量。		当车轮自动停转后,从指示装置读出车轮内外动不平衡量和位置。

操作步骤	图　示	说　明
8. 找出轮胎不平衡位置。		抬起车轮保护罩,用手慢慢旋转车轮,当动平衡机指示装置发出信号时,停止转动车轮。
9. 安装平衡块。		根据动平衡机显示的动不平衡量,在轮辋内侧和外侧的上部(时钟 12 位置)的边缘加装平衡块。内外侧要分别进行,平衡块要装卡牢固。
10. 重新调试。		重新起动动平衡机,进行动平衡试验,直至动平衡量<5 g,机器显示"00"或"OK"时为止。
11. 结束测试。		取下车轮,关闭电源,测试结束。
12. "7S"要求。		清洁、整理工位。

【任务测评】

序号	考核内容	评分标准	分数	扣分说明	得分
1	机器的准备	酌情扣分	10		
2	轮胎的清洁、充气	依清洁程度扣5分/次	15		
3	车轮的安装	内侧、外侧装反扣10分	10		
4	数据的输入	共3个数据,扣5分/个	15		
5	平衡块的选择和正确安装	选择错误或安装不规范,酌情扣分	15		
6	安装工具的正确使用	操作错误一次扣5分	10		
7	平衡块的正确拆除	酌情扣分,5分/次	10		
8	安全规范	出现安全事故或违规操作扣15分	15		
9	总分	100	成绩		

【任务拓展】

一、就车式车轮动平衡机(如图4-2所示)

图 4-2

组成:

驱动装置

测量装置

指示与控制装置

制动装置

除力传感器外,其他装置均装在手推小车上

二、就车式车轮动平衡机结构示意图（如图 4-3 所示）

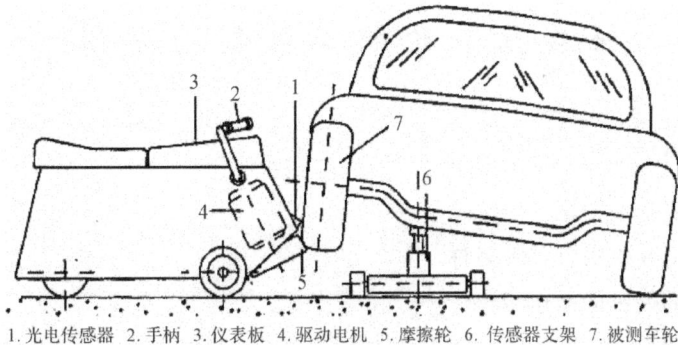

1.光电传感器 2.手柄 3.仪表板 4.驱动电机 5.摩擦轮 6.传感器支架 7.被测车轮

图 4-3

三、就车式车轮动平衡机的检测方法

一般分 3 次进行：

第一次：待摩擦轮与轮胎压紧后按下右按钮（左按钮也可），同时按压第一次试验按钮驱动车轮旋转，待转速上升到适当转速时，即分离摩擦轮同时释放按钮，电路即记录与不平衡力及其相位有关的原始量并存入 CPU，仪表灯闪烁显示这组未经标定的不平衡数值和相位。

第二次：在反光标志处加装计算机预设的标定质量，如有的规定小客车为 30 g，大货车为 300 g，按下第二次试验按钮，重复上述操作，即用这已知预设质量对振动系统的刚性和结构参数进行计算。当转速上升到设定值时显示灯即被点亮，计算机即将第一次所测得的变量自动处理成常量显示于仪表板上，这就是就车式平衡机的自标定功能。这时将显示的质量加装在所显示的相位处，然后除去标定重块。

第三次：剩余不平衡量检测，以证实剩余不平衡量是否满足有关法规的要求，如果达不到要求，可进行第二次复试，如仍达不到标准要求，只能拆下轮胎，使用较高精度的离车式车轮平衡机进行平衡。

四、静不平衡

可在离车或就车式平衡机上检测。以就车式为例：

被测车轮先由举升器举离地面，并将车桥坐落于传感器支架上（见图 4-3）。操作人员推动小车手柄，使摩擦轮紧压于被测车轮上，驱动电机带动摩擦轮拖动车轮以相当于 110 km/h 的车速旋转，这时车轮的不平衡质量产生的不平衡力即被力传感器感知并转变成电量，这一电信号由电缆传入驱动小车内的电测系统予以计量和处理。光电传感器拾取车轮的初相位信号和转速信号，经电测电路处理后得到不平衡质量的量值和相位值，显于仪表板上。测试前须在被测轮胎侧面任意处贴装白色反光标志，为使光电元件正常工作，胎侧距光电管不得超过 5 cm，检测程序分 3 次进行。

任务五　轮胎拆装机的使用

【任务目标】

1.了解轮胎的基本知识。

2.熟悉轮胎拆装机的各部件名称。

3.掌握轮胎拆装机的操作步骤。

【学习重点】

1.轮胎的基本知识。

2.轮胎拆装机的操作步骤。

【学习难点】

1.轮胎的机构名称认知。

2.轮胎拆装机的操作步骤。

【任务描述】

轮胎拆装机是一种将汽车轮胎从轮辋上拆下、安装和充气功能的设备。它主要用于轮胎的修补、更换、安装等，是汽车修理厂、汽车轮胎店和汽车装胎厂等必备的设备。在国内称其为轮胎拆装机外还称之为扒胎机、拆胎机等。学习好轮胎拆装机的正确使用，对于汽修专业的学生来说至关重要，这可以为他们将来步入汽修行业打下一定的基础。

【基本知识】

轮胎拆装机作为一种汽车的维修装配设备，伴随着汽车工业的发展而发展。其诞生于20世纪初，经过多次的更新换代，演变成现在能满足各种类型轮胎拆装的多功能高科技产品。但到20世纪80年代初，国内市场才真正对它有所需求。起先进口产品完全占领了国内市场，但是价格昂贵。到90年代，国内先后涌现出一批制造商，因在价格上占有很大的优势，所以国内产品渐渐占领了大部分市场，但在质量上，国内产品与进口产品还有较大差距。如今在高科技的带领下，国内部分厂家制造的产品在质量和功能上都越来越好，在某些方面甚至处于国际领先地位。深圳元征高科技股份有限公司就是一个典型的范例。

一、轮胎拆装机的分类

1.按照拆装范围分：小、中、大型轮胎拆装机。

一般来说，拆装范围在20英寸以下的属于小型轮胎拆装机，20英寸到24英寸的属于中型轮胎拆装机，大于24英寸的属于大型轮胎拆装机。

2.按照拆装机的设计样式分:立式轮胎拆装机和卧式轮胎拆装机。

一般小中型轮胎拆装机都采用立式,大型轮胎拆装机采用卧式。

3.按照拆装机的动力来源分:电动轮胎拆装机和气动轮胎拆装机。

电动和气动的区别在于前者由电动机带动,后者由压缩空气作为动力源使气动泵转动。一直以来电动轮胎拆装机在市场中处于主导地位,最近气动轮胎拆装机在国外越来越普及。

4.按照拆装机的功用分:经济型轮胎拆装机、普通型轮胎拆装机和豪华型轮胎拆装机。

它们之间的主要区别:经济型轮胎拆装机的摆臂为手动,普通型为脚踏气动控制,而豪华型在普通型的基础上增加了辅助装置适用于豪华型轿车宽扁轮胎拆装。

5.按照拆装机的传动方式分:气动传动和液压传动。

它们之间的区别在于气动传动速度较快,但效率较低,而液压传动与气动传动相反。

二、主要操作部件(如图 5-1 所示)

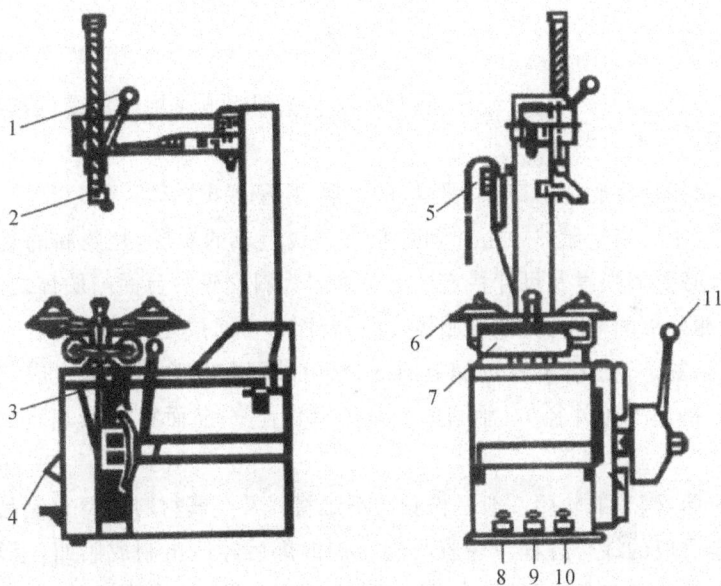

图 5-1

1.锁紧杠杆 2.拆装机头 3.胎撬 4.前列标志 5.充气枪 6.转盘 7.气缸 8.撑夹踏板 9.压胎踏板 10.转盘正、反转踏板 11.风压铲

三、轮胎的有关知识

在日常用轮胎中,轮胎的种类共分两种(如图 5-2 所示)。第一种为斜交轮胎,又称普通轮胎。指胎体、帘布层和缓冲层相邻层帘线交叉,且与胎面中心线呈小于 90°角排列的充气

轮胎。这种轮胎纵向刚性好,适于在普通路面中速行驶。第二种为子午线轮胎。

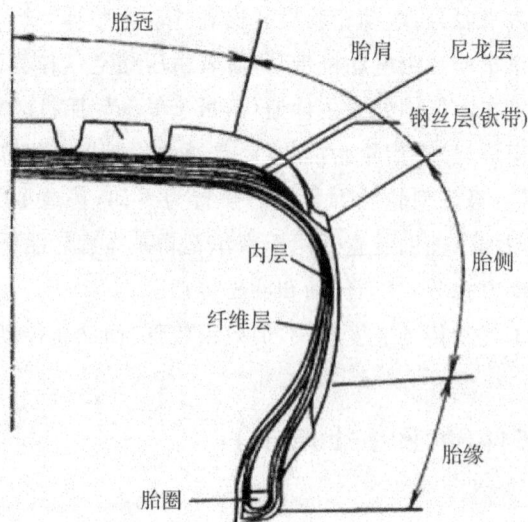

图 5-2

1.外胎:外胎由胎面、胎侧、缓冲层、帘布层及胎圈组成。用于承受汽车在道路行驶时的各种作用力。

2.胎侧:胎侧是轮胎侧部帘布层外层的胶层,用于保护胎体。

3.帘布层:帘布层是胎体中由并列挂胶帘子线组成的布层,是轮胎的受力骨架层,用以保证轮胎具有必要的强度及尺寸稳定性。缓冲层为斜交轮胎台面与胎体之间的胶布帘层或胶层,用于缓冲外部的冲击力,保护胎体,增进台面与帘布层之间的黏合。

4.胎圈:胎圈是轮胎安装在轮辋上的部分,由胎圈芯和胎圈包布组成,起固定轮胎的作用。轮胎的规格用外胎外径 D、胎圈内径或轮辋直径 d、断面宽 B 及扁平比等尺寸来表示,单位为英寸。

5.汽车轮胎:汽车的轮胎一般是橡胶与纤维材料及金属材料的复合制品,制造工艺是机械加工和化学反应的综合过程。橡胶与配合剂混炼后经压出制成胎面;帘布经压延、裁断、贴合制成帘布筒或帘布卷;钢丝经合股、包胶后成型为胎圈;然后将所有半成品在成型机上组合成胎坯,在硫化机的金属模型中,经硫化而制成轮胎成品。

普通斜交轮胎与子午线轮胎的区别

1.普通斜交轮胎:普通斜交轮胎为有内胎的普通斜交轮胎的构造,斜交轮胎主要有胎面、帘布层、缓冲层和胎圈组成。普通斜交轮胎的帘布层和缓冲层各相邻层帘线交叉,且与胎面中心线呈小于90°角排列。

(1)胎面:胎面是外胎的外表层,包括胎冠、胎肩和胎侧3部分。

胎冠:胎冠用耐磨的橡胶制成,它直接承受摩擦和全部载荷,能减轻帘布层所受的冲击。并保护帘布层和内胎,以免其受到机械损伤。胎面上有各种凹凸花纹,以保证轮胎与地面的附着性能,防止轮胎滑移。轮胎胎面的花纹对汽车使用性能有非常重要的影响,因此在选用轮胎时必须足够重视轮胎的花纹。

胎肩：胎肩是较厚的胎冠与较薄的胎侧之间的过渡部分。它除了起到保护帘布层的作用外，表面一般还制有各种花纹，以利于防滑和散热。

胎侧：胎侧是贴在帘布层侧壁的较薄的一层橡胶层，它可承受较大的扭曲变形，其作用是保护帘布层免受机械损伤和水分侵蚀。

(2)帘布层：帘布层是外胎的骨架，也称胎体。其主要作用是承受载荷，保持外胎的形状和尺寸，使外胎具有一定的强度。帘布层通常由多层挂胶帘线用橡胶黏合而成。为了使负荷均匀分布，帘布层数多为偶数。帘布层数越多，其强度越大，但它的弹性随之降低。一般帘布层数都标在外胎的表面上。

帘布材料一般有棉线、人造丝线、尼龙线和钢丝等。现在多采用聚酰胺纤维和钢丝作帘线后，在轮胎的承载能力相同的情况下帘布层数可以减少，这样既减少了橡胶的消耗、提高了轮胎的质量，又降低了滚动阻力，延长了轮胎的使用寿命。

(3)缓冲层：缓冲层位于胎面和帘布层之间，一般用两层或数层较稀疏的帘线和弹性较大的橡胶制成，所以其弹性较大，能缓和汽车在不平路面上行使时所受的冲击，并防止汽车在紧急制动时胎面与帘布层脱离。

(4)胎圈：胎圈由钢丝圈、帘布层包边和胎圈包布组成，具有很大的刚度和强度，可使轮胎牢固地装在轮辋上。

2.子午线轮胎：子午线轮胎的帘布层与胎面中心线呈90°角或接近90°角排列，与帘布层轮胎的子午断面一致，很像地球上的子午线，所以称为子午线轮胎。由于帘布层的这种排列特点，使子午线轮胎帘布层数比普通斜交轮胎可减少约40%～50%。子午线轮胎的圆周方向上只靠橡胶来联系，所以为了承受行驶时产生的较大切向力，提高轮胎的刚性，子午线轮胎还具有若干层帘线与子午断面呈较大角度(夹角为70～75°)、强度较高、不易拉伸的周向环行的类似缓冲带的带束层。带束层一般采用强度较高、拉伸变形很小的织物帘布(如玻璃纤维、聚酰胺纤维)或钢丝帘布制造。

(1)与普通斜交轮胎相比，子午线轮胎有以下优点：

●滚动阻力小，节约燃料。由于有带束层，轮胎着地后胎冠切向变形及相对滑移比普通轮胎要小很多，而且子午轮胎胎侧薄，径向变形恢复快。这两个特点有利于减少轮胎内磨损，降低滚动阻力。试验证明子午轮胎的滚动阻力比普通斜交轮胎小20%～30%，可节约燃料5%～10%；

●胎面耐磨性好，使用寿命长。车轮滚动时，轮胎着地弧面既变形，又滑移，变形促使滑移，滑移又加剧胎面磨损。由于子午线轮胎胎冠刚度大，变形小，几乎没有滑移，此外胎冠接地面积大，单位压力小并且均匀，所以使胎面磨损减小。试验证明子午轮胎的使用寿命比斜交轮胎高30%～40%；

●弹性大，缓冲性好。由于子午线轮胎帘线呈径向排列，所以车轮转动时，轮胎垂直于地面的变形比斜交轮胎大，胎体柔软，弹性好，所以提高了汽车行驶的平顺性；

●抗刺能力强。子午线轮胎因有坚硬的带束层，所以大大增强了胎冠的抗刺能力，减少了轮胎爆胎的危险，提高了行驶的安全性；

●附着力大。子午线轮胎在行驶时接地面积较大,同时由于带束层的作用,接地压强分布较均匀,从而提高了附着力,减少了侧滑现象。

(2)子午线轮胎的主要缺点:

●胎侧较薄,容易起裂口;

●胎侧变形大,侧向稳定性较差;

●子午线轮胎的制造要求高、成本高。

【任务实施】

操作步骤	图 示	说 明
1.清洁轮胎。		清除轮胎上的平衡块、石子等异物。
2.轮胎放气。		将轮胎内的气体放出,便于拆装。
3.使用风压铲。		用风压铲压迫轮胎使之与轮辋离缝。
4.安装轮胎。		将轮胎放在工作台上撑牢(或卡紧),调整好拆装头与轮胎之间的位置后,锁紧。

操作步骤	图　示	说　明
5.润滑轮胎。		在轮胎及轮辋边缘涂润滑剂（肥皂水也可）目的是便于拆装，防止拆装过程中因润滑不良造成轮胎的破损。
6.开始拆轮胎。		用撬棍将轮胎边缘撬到拆装头上，撬棍不必抽出，这时，使工作台顺时针旋转，即可拆下轮胎。用同样的方法可将另一侧轮胎拆下。
7.拆装机头的安装。		先在轮胎内侧边缘涂抹润滑脂。用拆胎的方法将轮辋固定在卡盘上，将轮胎放到轮辋上朝下，并确定好气眼位置。

操作步骤	图　示	说　明
8.踩转盘,正反转踏板。		移动拆装臂压住轮胎边缘,踩下踏板,逐渐将内胎压入轮辋内。用同样的方法将上外轮胎压入轮辋,完成轮胎安装。
9.充气。		轮胎充气时一定要注意安全。要注意观察压力表,以免轮胎跳起,造成人员伤害。必要时可以安装安全带。

【任务测评】

序号	考核内容	评分标准	分数	扣分说明	得分
1	机器的准备	酌情扣分	10		
2	轮胎的清洁	是否完成	10		
3	放气		15		
4	连接电源线	操作错误一次扣10分	15		
5	机油测温头的安装	操作错误一次扣10分	15		
6	转速测量钳夹的安装	操作错误一次扣10分	15		
7	安全规范	出现安全事故或违规操作扣15分	15		
8	总分	100	成绩		

【任务拓展】

一、轮胎拆装机在使用过程中的小技巧

1.对于胎面橡胶好但软而薄的轮胎:用风铲铲胎打滑时,可微抬一下风铲控制踏板,同时将轮胎往里推一下,确认铲口与胎口接触,然后用腿或手靠住,防止轮胎退回,再踩控制踏

板,这时较容易铲下轮胎。

2.对于跑车时间长的轮胎:轮胎长时间受内气压,轮胎与地面摩擦所产生的热,导致轮胎与轮辋黏合。风铲很难铲下时,可先将洗洁精溶于水,用小刷在胎唇与轮辋处多刷一些溶液,待溶液渗进胎唇与轮辋缝隙后,再用风铲铲下轮胎。

3.对于胎口较硬的轮胎:扒胎时最好选用小车弹簧钢板,自制加长的撬棍撬胎口,比较容易。上胎时,用双手压胎肚,当差200 mm左右,胎口处于最紧处时,用右肘用力压胎肚,同时,左手顺势,顺时针推一下轮胎,可防止电机与三角带打滑,同时也可保护电机。

二、轮胎拆装机:轮胎的维修养护注意事项

轮胎是影响汽车性能及安全的重要部件,加强轮胎维护是提高轮胎使用寿命和运输效率的有效途径,正确维护轮胎大体归纳为以下10点:

1.平衡起步。汽车起步时不能过猛,防止因轮胎突然产生冲动、震抖使轮胎空转而加剧磨损;

2.正确装载。装载时,应注意使货物的重量分布均匀,不得偏装和超载,正确装载的要领是散货均匀装,长货两头装,重货中间装;

3.保持经济车速,不超速。这样不会因长时间的高速行驶而使轮胎过热,导致轮胎的使用寿命缩短;

4.尽量避开障碍物。汽车在马路上停车时,不要紧靠道路的边缘,以免划伤轮胎侧壁。行车中要避开凹凸不平的地方和尖锐的障碍物,通过较小的沟槽可斜向通过,避免轮胎与沟、坑的边缘发生猛烈撞击而受损;

5.避免轮胎受污染。停车时要选择比较干净的地方,行车中应尽量使车轮避开道路上的油污;

6.陷车时不要猛加油。要根据情况采取挖坑、垫场等措施,提高轮胎的附着力,防止轮胎空转而发生摩擦受损;

7.注意防冻。冬天长时间停车要注意避开有水的地方,起步行驶时,先要低速行驶一段时间(10—20 min),等轮胎发热后再正常行驶;

8.尽量减少制动的使用次数,避免急刹车、急转弯。在行车中提倡"情况提前处理"的做法,做到知路、知车、先慢、先让、先停;

9.保持轮胎的标准气压。防止轮胎的气压过高、过低,加剧轮胎磨损。长期停驶的车辆,要将车架起,防止轮胎受压而损坏;

10.要根据情况及时做四轮定位。防止因车轮定位失准,外倾角、后倾角、前束角改变而使轮胎早期损坏。

任务六　喷油器清洗仪的使用

【任务目标】

1. 了解喷油器清洗仪各功能键及其作用。
2. 熟练掌握喷油器清洗仪的连接和使用。
3. 掌握喷油器清洗的方法及注意事项。
4. 掌握喷油器拆装步骤。
5. 了解喷油器的常见故障。

【任务描述】

喷油器常见故障有喷油器黏滞、喷油器堵塞。如果燃油中杂质含量较高,或者喷油器喷嘴被长期形成的胶质物堵塞,就会影响喷油器的正常工作,导致发动机怠速不稳、启动困难、动力不足甚至熄火等多种故障。为保证发动机正常工作,应及时对喷油器进行维护。

【任务准备】

一、轴针式喷油器结构与工作原理(如图6-1所示)

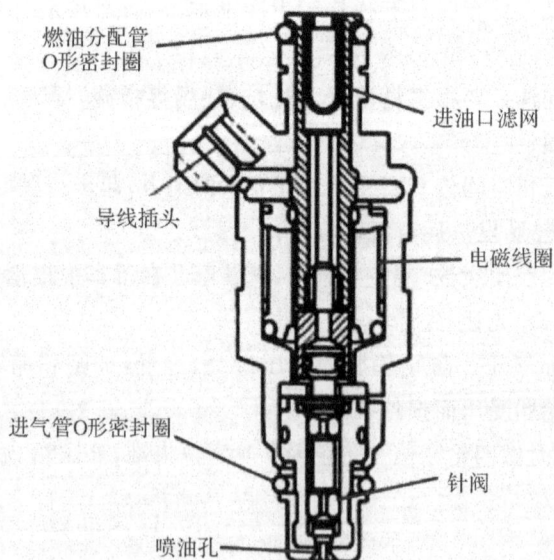

图 6-1

轴针式喷油器主要由喷油器外壳、滤网、插座、电磁线圈、衔铁、阀针、轴针、上下密封圈组成。当喷油器的电磁线圈没有电流通过时,针阀在弹簧的作用下将喷油器的阀口关闭,喷油器不喷油。当电磁线圈通电时,线圈产生磁场,电磁吸力将衔铁吸起上移,与衔铁一体的阀针同时上移,喷油器的阀口被打开,燃油从精密的环形喷口以雾状喷出。喷油器用专门的O形密封圈安装,该密封圈为橡胶成型件,具有隔热作用,能防止喷油器中的燃油产生气泡,有助于提高发动机的高温起动性能。喷油器经燃油管,或使用带保险夹头的连接插座与燃油分配管连接。

二、喷油器清洗仪操作界面说明：如图 6-2 所示

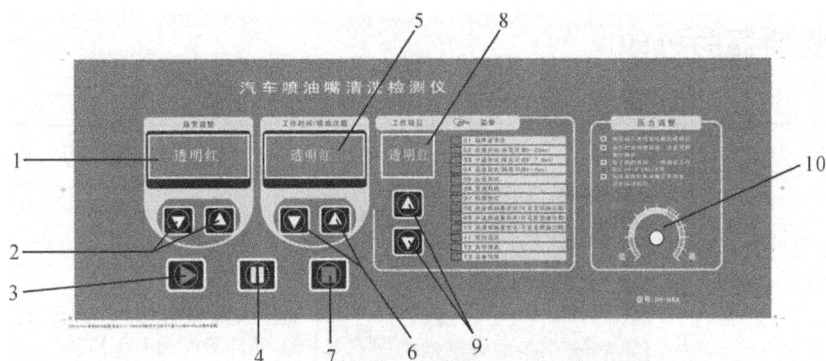

图 6-2

功能键	作用
1	脉宽显示:显示喷油嘴工作时脉宽
2	脉宽调整按键:调整喷油嘴工作时脉宽
	按▲键清洗喷油嘴时增加喷油嘴的工作脉宽
	按▼键清洗喷油嘴时减少喷油嘴的工作脉宽
3	工作键:按下后执行所选工作项目
4	暂停键:按下后暂时停止所选工作项目
5	时间喷油次数显示:显示喷油嘴工作时间和喷油次数
6	时间次数调整按钮:调整喷油嘴工作时间和喷油次数
	按▲键增加喷油嘴工作时间/喷油次数
	按▼键减少喷油嘴工作时间/喷油次数
7	停止键:停止所选工作项目并返回所选工作项目
8	工作项目显示:显示所选工作项目
9	工作项目选择键:选择工作项目

续　表

功能键	作用
	按▲键向上选择工作项目
	按▼键向下选择工作项目
10	压力调节旋钮：调整压力变化
	向右旋拧压力值增加；向左旋拧压力值减小

【任务实施】

一、喷油器的拆卸

操作步骤	图　示	说　明
1.准备仪器。		准备喷油器清洗仪、抹布、标签纸、工具等，并卸除燃油系统油压。
2.从蓄电池负极端断开电缆。		松开蓄电池负极接线柱螺栓，断开负极电缆。
3.取下发动机罩。		解除发动机罩卡位，取下防护罩。

操作步骤	图 示	说 明
4.拆卸发动机线束。		拆两根搭铁线。
5.断开喷油线束连接器。		断开4个喷油器总成连接器。
6.拆燃油管总成。		拆燃油管卡夹、旋下燃油管接头。
7.拆下燃油总管螺栓。		取下螺栓和燃油管总成。
8.拆卸喷油器总成。		从燃油管总成中拉出4个喷油器总成。

续 表

操作步骤	图 示	说 明
9.喷油器编号。		在喷油器上贴上标签。

★操作注意事项：

1.待测车辆要停放可靠,严格遵守安全操作规范；

2.操作过程要严格按照仪器提示进行,不得随意更改项目进程；

3.必须先卸除系统油压,才可拆卸喷油器；

4.不得随意起动发动机,以免发生危险。

二、喷油器清洗仪的使用

操作步骤	图 示	说 明
1.进行喷油器的检查。		将喷油器放入汽油或清洗油中,仔细清除外部油污后用软布擦拭干净。检查喷油嘴上的 O 形密封圈是否损坏,如有损坏,应及时更换。
2.进行清洗准备。		在超声波清洗槽倒入专用喷油器测试剂 2 瓶,约 1 850 mL。

续　表

操作步骤	图　示	说　明
3. 固 定 喷 油 器 于 支架上。		在超声波清洗槽内放入清洗支架,在机架上放好喷油器,清洗剂要浸过支架表面。
4. 打开设备电源开关。		打开位于仪器后侧的电源开关。
5. 选功能按钮。		按下超声波键。
6. 设置清洗时间。		设置清洗时间(设备默认 10 min)。
7. 喷油器喷油测试。		装上喷油器,将清洗好的喷油器安装于清洗仪支架上。

操作步骤	图　示	说　明
8. 插上喷油器供电插头。		将驱动线插头依次插入喷油器插孔中。
9. 调整油压。		调整油压为 0.25～0.3 MPa。
10. 调整转速。		调整转速为 850 r/min。
11. 调整喷油脉宽。		调整喷油脉宽为 2.5 ms。
12. 按选择键至全开喷射测试。		按选择键依次选择怠速测试、中速测试、高速测试,压力仍保持在 0.25～0.3 MPa。当液面达到量筒的 2/3 时按下停止键或暂停键,观测在不同工况下各喷油器的流量均衡性。

★操作注意事项：

1. 一辆汽车上的所有喷油器的喷油量偏差不应超过 2%。丰田卡罗拉喷油量 15 s(2 次或 3 次)60～73 cm³，各喷油器间的差别为 13 cm³ 或更少；

2. 喷油器安装位置不动，按选择键选择检漏测试项，按下工作键，同时将压力调至 0.3Mpa，观测各喷油器密封性。每分钟滴漏不超过两滴视为合格。丰田卡罗拉每 12 min1 滴或更少；

3. 喷油器检测完毕后，装回喷油器时必须更换 O 形密封圈；

4. 全部装好后启动发动机，检查燃油是否泄漏。

三、数据记录

请根据你所检查的实际情况填写以下内容：

序号	项目	数据	
1	清洗喷油器倒入的清洗剂量	_____mL	
2	清洗喷油器设定的时间	_____min	
3	清洗喷油器设定的怠速转速	_____r/min	
4	清洗喷油器调整油压	_____MPa	
5	丰田卡罗拉各缸喷油器喷油量(在 15 s 内)	_____mL	
6	每个喷油器喷油量之间的误差不大于	_____或_____	

【任务测评】

一、喷油器的拆装考核表

序号	考核内容	评分标准	分数	扣分说明	得分
1	工具的准备	酌情扣分	15		
2	作业前整理工位、清点工具	操作错误一次扣 5 分	15		
3	燃油系统卸压	操作错误一次扣 5 分	10		
4	从蓄电池负极端断开电缆	操作错误一次扣 5 分	10		
5	拆下发动机塑料护罩组件	操作错误一次扣 5 分	5		
6	拆卸发动机线束	操作错误一次扣 5 分	10		
7	拆燃油管总成	出现安全事故或违规操作扣 5 分	15		
8	拆卸喷油器总成并编号	操作错误一次扣 5 分	20		
9	总分	100	成绩		

二、喷油器的清洗和测试考核表

序号	考核内容	评分标准	分数	扣分说明	得分
1	仪器的准备	酌情扣分	10		
2	喷油器的固定	操作错误一次扣2分	5		
3	超声波清洗参数设置	操作错误一次扣2分	5		
4	喷油器的组接	操作错误一次扣2分	5		
5	喷油器供电插头连接	操作错误一次扣2分	5		
6	油压参数的调整	操作错误一次扣2分	10		
7	转速参数调整	操作错误一次扣2分	10		
8	喷油脉宽参数调整	设置错误一次扣5分	15		
9	检测数据的记录	操作错误一次扣2分	10		
10	整理仪器、清洁场地	酌情扣分	10		
11	安全规范	出现安全事故或违规操作扣15分	15		
12	总分	100	成绩		

【任务拓展】

电控燃油喷射系统喷油器常见故障：机械故障和电路故障两种。

一、机械故障

机械故障表现为喷油器由于黏滞、堵塞、泄漏而引起机械动作失效，造成发动机的运转出现损坏性工况，严重影响汽车的正常使用。

1. 喷油器黏滞。

该故障是在发动机 ECU 发出喷油信号，喷油器的电磁线圈通电后产生磁吸力，由于针阀与阀座的间隙被残存的粘胶物阻塞，致使吸动柱塞升起的动作发涩，达不到规定的针阀开启速度，影响正常的喷油量。喷油器发生黏滞故障后，发动机出现怠速不稳、启动困难、加速性能变差等症状。产生喷油器黏滞的主要原因是使用了劣质汽油。劣质汽油中的石蜡和胶质，将会短期内引起喷油器黏滞，造成发动机早期故障发生。

2. 喷油器堵塞。

该故障可分为内部堵塞和外部堵塞两种状况。内部堵塞原因是汽油中混入杂质和污物堵塞喷油器内部的运动间隙，使喷油器机械动作失效。外部堵塞原因是喷油器外部的喷射口被积碳和污物堵塞，造成喷油器喷射工作失效。喷油器发生堵塞故障后，发动机启动困难、运转不稳、怠速熄火、加速性能变差，甚至造成发动机喘抖，导致机件异常磨损情况恶化。

由于喷油器堵塞的程度不同,堵塞的状况不同,发动机出现早期故障的症状也不同。

3.喷油器泄漏。

该故障可分为内部泄漏和外部泄漏两种状况。内部泄漏的原因是喷油器在使用中早期磨损,造成喷油器在压力油的施压状态下,不断向进气歧管内泄漏汽油。外部泄漏的泄漏部位在喷油器和压力油管连接处,汽油泄漏在进气歧管外部,油滴在气缸体上,遇热后在发动机罩内蒸发,一旦出现电路漏电火花,随时都会引起火灾。当喷油器发生内部泄漏后,发动机耗油量明显增加,而且发动机动力性变差,排气 HC 值增高。另外,由于喷油器内部泄漏造成喷射雾化不好,引起发动机运转不平稳,混合气燃烧不完全,排气冒黑烟。喷油器外部泄漏后,发动机启动困难、怠速熄火、动力性下降、耗油量猛增、运转喘抖和加速困难。

二、电路故障

喷油器自身的电路故障主要表现在电磁线圈上,可以归纳为线圈断路、线圈短路和线圈老化。

1.电磁线圈断路。

电磁线圈烧断喷油器,燃油喷射工况中断,造成发动机无法运转。造成线圈烧断的原因主要是维修中盲目改动线路,造成接线错误,而将线圈绝缘层烧坏。另外,在清洗喷油器的维护中,由于操作者不熟悉电磁线圈电阻值的知识,错误地将低阻值喷油器直接接到蓄电池电源上,导致线圈载流量超过限度,发热烧蚀线圈漆包线的绝缘层,严重的甚至烧断线圈的导线。

2.电磁线圈短路。

电磁线圈短路是指喷油器电磁线圈正常出现的脉冲控制电流,未经规定线路流动,而通过一条短捷的线路流动。喷油器电磁线圈的连接方式是由一个双位导线连接器连接线圈首尾两端。导线连接器送出的两根引线,一根接轿车蓄电池电源正极,另一根经过汽车的发动机 ECU 后,接入控制喷油器电磁线圈的搭铁回路。喷油器电磁线圈发生短路故障,即未经发动机 ECU 而直接搭铁。短路故障发生后,只要接通点火开关,喷油器就一直喷油。在启动发动机时,由于油量过多,造成火花塞被淹而无法启动,就是发动机勉强能起动,发动机运转工况也异常恶化。燃油消耗量过高,混合气过浓,产生爆燃而引起发动机喘抖,造成机械磨损加剧。另外过量的汽油还会在排气中燃烧,废气排放超标,严重冒黑烟,HC 值极高,甚至损坏三元催化转换器。产生喷油器电磁线圈短路的主要原因是维修中接线错误,导线连接器周围过脏,电磁线圈老化。

3.线圈老化。

喷油器电磁线圈老化是指线圈阻抗值增加,造成脉冲控制电流在老化的线圈上受阻,导致线圈产生的电磁吸力不足,影响喷油的喷射效果。当线圈老化出现后,发动机启动困难、怠速不稳、加速性能变差,老化通常属于自然规律,电磁线圈也如此,但是短期内电磁线圈发生老化大多都是由异常原因造成的故障。产生线圈老化的异常原因是喷射系统中的脉冲电流控制值偏高,电流过大而引起发热,导致线圈过早出现老化,其故障根源是发动机微机控制系统工作状态失常。

任务七　K81示波器的使用

【任务目标】

利用K81故障诊断仪对汽车发动机进行故障的检测,能有效地排除发动机存在的故障码,恢复汽车正常的工作状态。

【任务描述】

汽车在出现启动困难,无法启动,加速无力,仪表板有故障指示灯,排气管尾气不正常,发动机抖动等故障下,可利用K81对其进行检测排除故障。

【任务准备】

一、功用

K81在设计上不但要求具有解码器功能,还可以检测发动机各系统的工作状态和运行参数,实时采集点火、喷油、电控系统及其传感器等。同时可进行数值标定、性能分析、波形存储及回放。它可以为发动机的工作状态和故障诊断提供科学依据。

二、国内概况

K81的示波器在国内首次实现了次级点火的实时显示,K81装备业内领先的16位主控CPU＋高速数字处理芯片,保证在高达20 MHz采样频率下仍能实时处理信号。有纵列、三维、阵列、单缸等多种次级波形显示,并显示点火击穿电压、闭合角、燃烧时间等。精确的点火同步、自动检测点火信号极性。无论是分电器点火、独立点火、双头点火都能可靠检测,相当于一台手提式发动机分析仪。

三、基本功能介绍

"ENTER"确认键的功能主要是进入菜单、确认所选项目,▲▼▶◀4个方向键可以对项目进行选择,"EXIT"键的功能主要是返回上级菜单、退出,"F1"、"F2"是辅助键,按照操作提示使用,如图7-1所示。

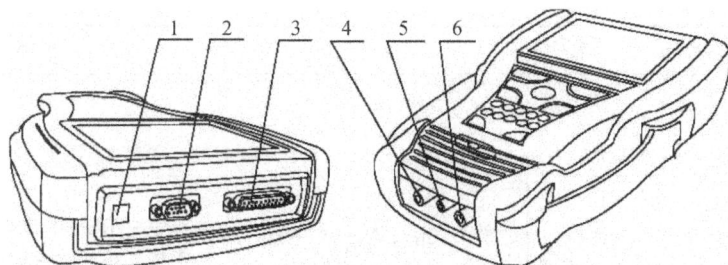

图 7-1

1.DC12V 电源　2.RS-232 串口　3.诊断测试口　4.示波 CH1　5.触发 CH3　6.示波 CH2

　　W18 汽车专用示波器的随机附件包括示波测试连接线、电源线、自诊断接头等，K81 的随机附件则包括了 K60 和 W18 的所有附件。

图片	名称	功能
	电源延长线	给主机提供电源，可以连接汽车点烟器接头或者汽车鳄鱼夹。
	汽车点烟器接头	连接电源延长线和汽车点烟器给主机供电。
	汽车鳄鱼夹	连接电源延长线和汽车电瓶给主机供电。

续　表

图片	名称	功能
	串行通信线	连接主机 RS-232 串口和 PC 机的串口实现联机或软件升级。
	测试探针	连接到通道 1、2 输入,带接地线,可以 ×1 或者 ×10 衰减。
	示波延长线	可以连接 CH1、CH2 通道,主要功能是延长输入信号线。
	1 缸信号夹	连接 CH3 通道,可以检测发动机转速,并认为被夹高压线为第一缸高压线。

图片	名称	功能
	容性感应夹	可以接 CH1、CH2 通道，感应次级点火信号。
	示波连接线	可以对接地线或者信号线进行延长，方便连接。

【任务实施】

操作步骤	图 示	说 明
1.打开诊断仪器，进入主界面。		选择"汽车检测"。这是 K81 的进入界面，一共分为 4 大功能：汽车检测、示波器、辅助功能、升级系统。
2.选择"故障测试"。		选择汽车检测后，进入到该页面，内容包括：故障测试、设备自检、测试演示、专家功能。

续 表

操作步骤	图 示	说 明
3.选择"中国车系"。		选择故障测试后,该页面进入车系的选择,包括中国车系、日本车系、韩国车系、欧洲车系、美国车系。
4.选择"车型选择"。		选择车系之后,便进入该页面。
5.选择汽车。		该界面是来自该国家所有的车型选择,选择其中一个车系点击进入。
6.选择车型。		该界面提供所选择车型的所有品牌系列。
7.选择类型。		以上是该车型的可测试系统。(包括发动机、ABS、气囊系统)

续　表

操作步骤	图　示	说　明
8.发动机系统。		发动机系统包括读故障码,清故障码,数据清单及动作测试。
9.读故障码。		点击"读取故障码"后,便出现该页面所示的内容,反应的是该车所出现的故障码,可根据该提示进行故障诊断。
10.清故障码。		清除故障码后,系统显示为"系统正常"才达到要求。
11.数据清单。		
12.读取动态数据流。		读取数据流可以很好地反应出一些基本参数。打勾表示选中此项。

操作步骤	图 示	说 明
13.动作测试。		这是"动作测试"反应的内容,包括:故障指示灯,碳罐控制阀,燃油泵继电器,风扇1,风扇2等。
14.对故障指示灯做测试。		测试故障指示灯时的界面。
15.返回主界面。		故障排除和清理完毕后返回至该页面为结束。

【任务测评】

序号	考核内容	评分标准	分数	扣分说明	得分
1	仪器的准备	酌情扣分	15		
2	线路的正确连接	操作错误一次扣10分	10		
3	OBD端口的选择	操作错误一次扣10分	10		
4	系统的正确进入	操作错误一次扣20分	20		
5	故障码的检测	操作错误一次扣15分	15		
6	故障码的清除	操作错误一次扣15分	15		
7	安全规范	出现安全事故或违规操作扣15分	15		
8	总分	100	成绩		

【任务拓展】

一、功用

装备 32 位主控 CPU＋高速数字处理芯片,保证在高达 20 MHz 采样频率的情况下仍能实时地处理信号。选用大存储的闪存 FLASH,可更好地进行网络软件升级。

1.用更好的控制工艺。

采用国际工业标准四层电路板技术,使产品的稳定性和抗干扰能力得到了大幅度的提高,诊断结果的输出也更加准确。

2.出色的外观设计。

流线型的外观,高贵豪华,尽显名流风范,符合人体工学设计,单手操作同样方便、舒适。

3.功能进一步地完善。

两个独立的高速采样通道附加独立触发通道,使得处理独立点火及双头点火变得轻而易举。

4.波形显示符合国际潮流。

有纵列、三维、阵列、单缸等多种次级波形显示方式,并显示点火击穿电压、闭合角,燃烧时间、转速等。

二、传感器的测试应用

1.歧管绝对压力传感器。

歧管绝对压力传感器提供发动机负荷信号给发动机控制单元(ECU),一般为频率调制的方波信号或电压电平信号(取决于制造商),经过 ECU 处理后,用以改变燃油的混合比及其他的输出值。

当发动机负荷增加时,歧管压力增大,反之歧管压力低,已损坏的 MAP 传感器在发动机加速及减速时会影响空燃比,同时也对点火正时及其他的电脑输出值产生一定影响。

2.连接设备。

连接 K81 和电源延长线,根据被测试车型的电瓶位置选择电瓶供电或者点烟器供电,本说明书连接图都是以电瓶供电为例,如果选择点烟器接头,请先确认点烟器是否有 12 V 电瓶电压。将测试探头接入通道 1(CH1 端口),然后将测试探头上的小鳄鱼夹接蓄电池负极或搭铁,用测试探针刺入歧管绝对压力传感器(MAP)传感器触发信号线,连接图如图 7-2 所示。

打开汽车点火开关,不启动发动机,使用手动真空泵模拟真空,将其接至歧管绝对压力传感器的真空输入端。

发动机运转,监测由怠速渐渐加速的信号。

3.测试步骤。

(1)如图7-2所示连接好设备,打开 K81 电源开关,在金德仪器主菜单上按上下方向键选择。

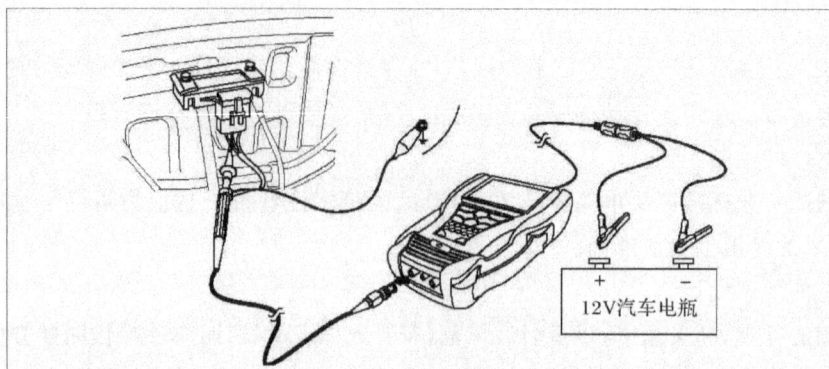

图 7-2

(2)示波器,按[ENTER]键确认;在汽车专用示波器菜单上选择传感器,按[ENTER]键进入汽车传感器选择菜单;选择歧管绝对压力传感器(MAP),按[ENTER]键确认,根据测试条件,屏幕将会显示波形。

(3)必要时可以通过左右方向键选择周期、幅值、电平等参数,然后按上下方向键改变波形,也可以选择启停,按[ENTER]键冻结波形后,选择存储,保存波形供以后修车参考。

4.波形分析。

除了福特的歧管绝对压力传感器时数字输出信号以外,一般都输出模拟量。模拟量的歧管压力传感器在真空度高时产生对地电压信号接近 0 V,真空度低时(接近大气压力)产生的对地电压信号高,接近 5 V,不同厂家指标可能不同,请参考维修手册。

许多福特和林肯车上安装的是数字式歧管绝对压力传感器,数字量的输出波形应该是幅值满 5 V 的脉冲,同时形状正确、波形稳定、矩形方角正确、上升沿垂直。频率与对应真空度应符合维修资料给定的值。

一般数字式、模拟式歧管绝对压力传感器的波形参考图如图7-3所示。

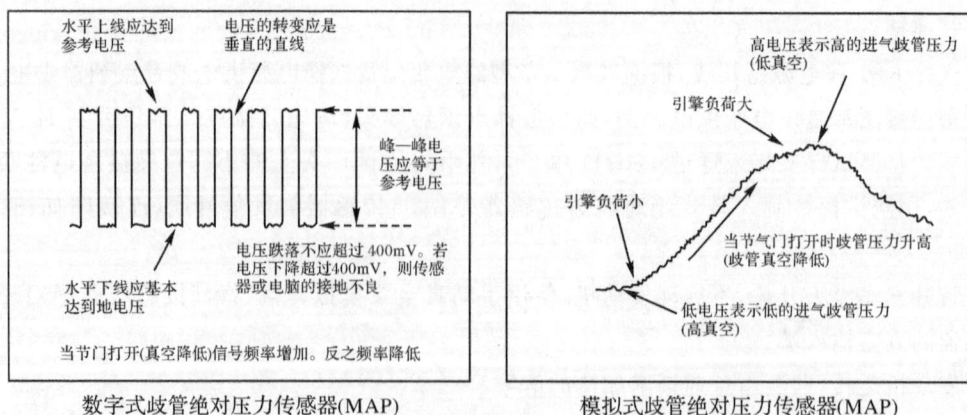

数字式歧管绝对压力传感器(MAP)

模拟式歧管绝对压力传感器(MAP)

图 7-3

任务八　KT600 示波器的使用

【任务目标】

利用 KT600 故障诊断仪实时检测汽车点火系统、传感器、执行器等波形，为准确判断汽车故障提供强有力的支持。

【任务描述】

汽车在出现启动困难、无法启动、加速无力、仪表板有故障指示灯、排气管尾气不正常、发动机抖动等故障下，可利用 KT600 对其进行检测排除故障。

【任务准备】

一、功能

汽车故障诊断、五通道汽车专用示波器、数据流波形显示/存储/对比、打印功能、RFID钥匙诊断、汽车英汉词典、行车记录仪、温度压力检测（选配）、振动异响测试分析（选配）。

二、特点

1.系统运行速度更快。装备领先的 32 位嵌入式芯片，选用海量内存，让您感受到提速带来的畅快。

2.系统稳定性更高。运用先进开发手段，使系统应用程序快速、稳定，在拥有大量的车型资料的同时，产品的稳定性大幅度提高。

3.系统独立性更强。各车型测试应用程序存储在存储卡上，相互独立，完全可以实现分车型升级。

4.数据流波形显示/存储。汽车数据流测试以数据流曲线图显示，因此可以通过观察数据流曲线图的连续的变化来准确分析数据流。并且可以存储数据流，进行回放，从而可以通过该功能发现传感器、执行器等的异常情况。

5.波形显示符合国际潮流。有纵列、三维、阵列、单缸等多种次级波形显示方式，并能显示点火击穿电压、闭合角、燃烧时间、转速等参数。

三、产品配置

1.整机组成。

KT600 的主体部分,包括 4 大件:主机、诊断盒、示波盒和打印机。这 4 大件可以分开,各自具有独立的功能和作用,可根据需要和配置情况进行工作。但是,通常其中 3 大件(诊断盒和示波盒选一)通过插接组合为一个整体,外面加上保护胶套,防止松动和磨损。此外,KT600 还配有一些进行汽车诊断和网上升级所需的附件,如测试延长线、电源延长线、汽车鳄鱼夹、点烟器接头、14 V 电源、CF 卡、CF 卡读卡器,以及各种测试接头等。

(1)主机。

可单独使用。在它单独使用时,就成为一台标准的手持式电脑,具备所有标准的掌上电脑功能,如个人数据管理、英汉词典、计算器等。

(2)DIAGNOSTIC BOX 诊断盒。

它是进行汽车诊断的必要组成部分,担负着汽车诊断的主要功能。DIAGNOSTIC BOX 由于进行了详细的功能设计,为后续的升级服务(网上下载升级)奠定了基础。

(3)OSCILLOSCOPE BOX 示波盒。

它是进行汽车诊断的重要组成部分,可以分析出进气系统和燃油系统的可能故障点,为汽车的运行技术状况和故障诊断提供科学的依据。

(4)PRINTER 打印机。

与主机相连用于打印测试结果。使用 $\varnothing 30 \times 57mm$(内孔为 $\varnothing 12mm$)的热敏打印纸。

2.主机介绍。

(1)正面视图(如图 8-1 所示)。

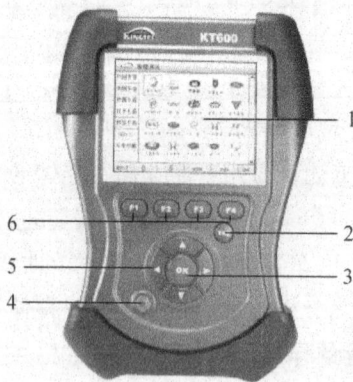

图 8-1

序号	项目	说明
1	触摸屏	6.4"640×480 LCD 触摸式真彩屏
2	(ESC)	返回上级菜单、退出
3	(OK)	进入菜单、确认所选项目
4	(⏻)	电源开关
5	[▲][▼][▶][◀]	方向选择键
6	F1 F2 F3 F4	多功能辅助键

注:F1—F4多功能辅助键,功能非常强大,其具体功能视当前操作界面而定,并分别与操作界面下方的 4 个软按键相对应。

(2)背面视图(如图 8-2 所示)。

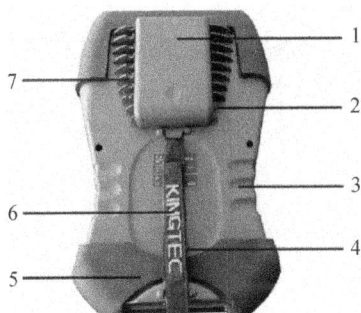

图 8-2

序号	项目	说明
1	打印盒	内装热敏打印机和 2000 mAh 锂电池
2	打印机卡扣	按下打印机卡扣,滑出打印盒盖板,安装打印纸
3	手持处	凹陷设计更人性化,有利于手持使用
4	卡锁	锁住诊断盒(或示波盒)确保它们和仪器的连接
5	胶套	保护仪器,防止磨损
6	保护带	防止手持时仪器滑落
7	触摸笔槽	用于插装触摸笔

（3）上接口视图（如图 8-3 所示）。

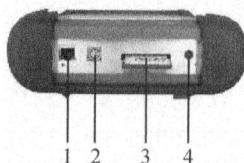

图 8-3

序号	项目	说明
1	NET	直插网线可实现在线升级
2	PS2	可外挂键盘和条码枪，内含标准 RS232 串口
3	CFCARDCF	卡插槽（实现 CF 卡插拔）
4	POWER	接这个端口给主机供电

（4）下接口视图（如图 8-4 所示）。

下面接口由插卡类型决定

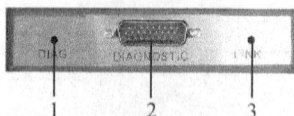

图 8-4

序号	项目	说明
1	DIAG	有数据通信时该信号灯会亮
2	DIAGNOSTIC	测试端口
3	LINK	解码盒正确连接并通电后该信号灯会亮

（5）示波盒（以五通道为例如图 8-5 所示）。

图 8-5

序号	项目	说明
1	CH1	示波通道1
2	CH2	示波通道2
3	CH3	示波通道3
4	CH4	示波通道4
5	CH5	触发通道

【任务实施】

操作步骤	图　示	说　明
1.启动 KT600 进入主菜单。		该界面是进入 KT600 主界面,可供选择的有:汽车诊断、系统设置、试波分析仪、辅助功能。
2.选择品牌。		KT600 汽车诊断程序是以车型车标图形为按钮,点击某汽车相应的图标即可对该车进行诊断。因此熟悉汽车图标有助于您快速进入汽车诊断界面。
3.选择系统。	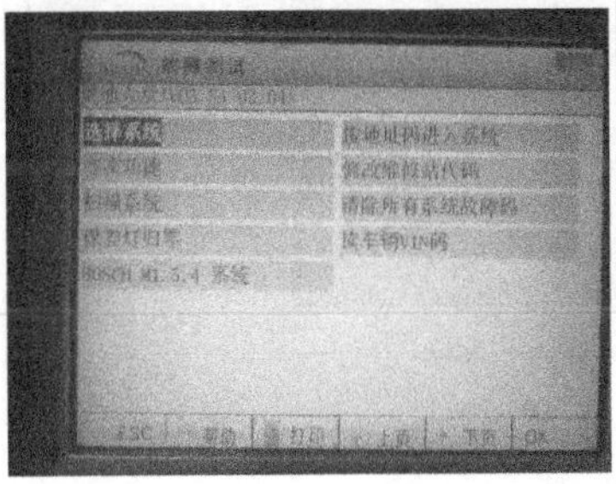	选择相应的车型图标进行车辆故障测试,如点击中国车系下的奥迪大众图标,屏幕显示该车型的诊断信息,V05.54 为当前仪器内该车型的诊断车型版本(根据测试版本的不同,该版本号在程序升级后会随之改变)如图所示。

续　表

操作步骤	图　示	说　明
4. 选择系统。	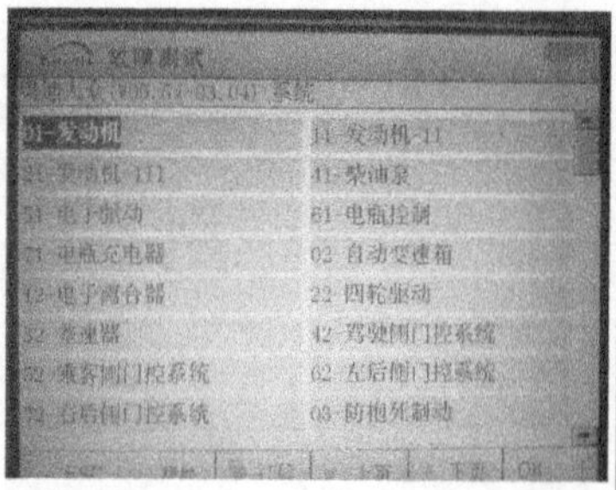	不同车型的诊断界面操作方法大体相似，各车型具体测试方法请您按照仪器界面提示操作。本书只详细介绍了奥迪大众车系发动机系统下的各项检测功能，以备用户参考。由于大众系列车型的诊断方法一样，所以直接点击选择系统栏进入下一级操作界面，如图所示。
5. 选择"读取车辆电脑型号"。	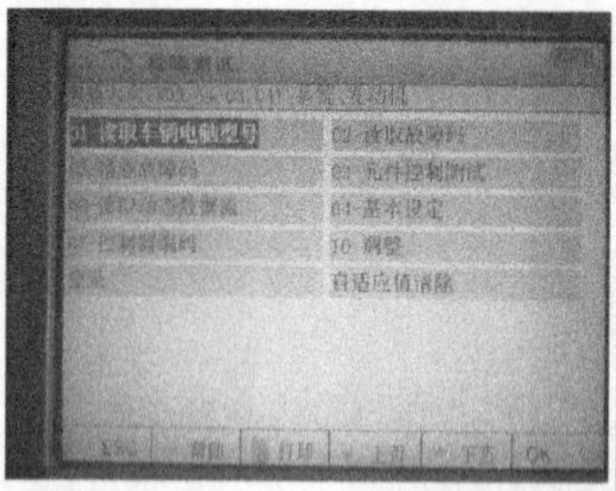	点击该选项便进入到下一页面。
6. 读取车辆电脑型号。		此项功能可以读取被测试系统的电脑信息，包括版本号、CODING 号、服务站代码以及相关信息。一般更换车辆控制单元时，需要读出原控制单元信息并记录，以作为购买新控制单元的参考，对新的控制单元进行编码时，需要原控制单元信息。
7. 读取故障码。	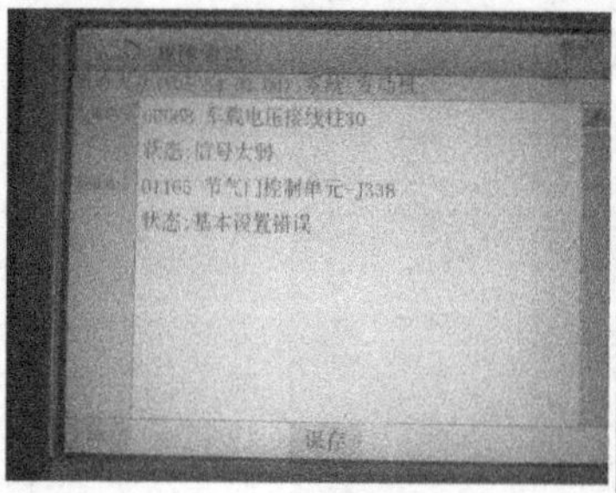	此项功能可以读取被测试系统 ECU 存储器内的故障代码，帮助维修人员快速地查到车辆故障引起的原因。在系统功能选择菜单中选择 02—读取故障码，系统开始检测电脑随机存储器（ROM）中存贮的故障记忆内容，测试完毕屏幕显示出测试结果。

续　表

操作步骤	图　示	说　明
8.清除故障码。	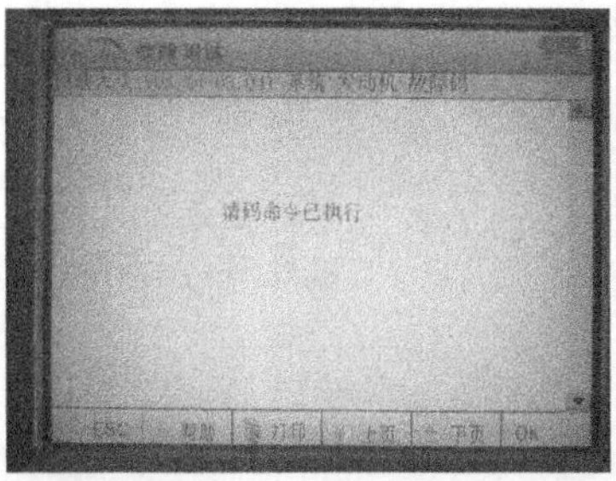	此项功能可以清除被测试系统 ECU 内存储的故障代码,一般车型请严格按照常规顺序操作:先读故障码并记录(或打印),然后再清除故障码,试车、再次读取故障码进行验证,维修车辆,清除故障码,再次试车确认故障码不再出现。
9.元件控制测试。	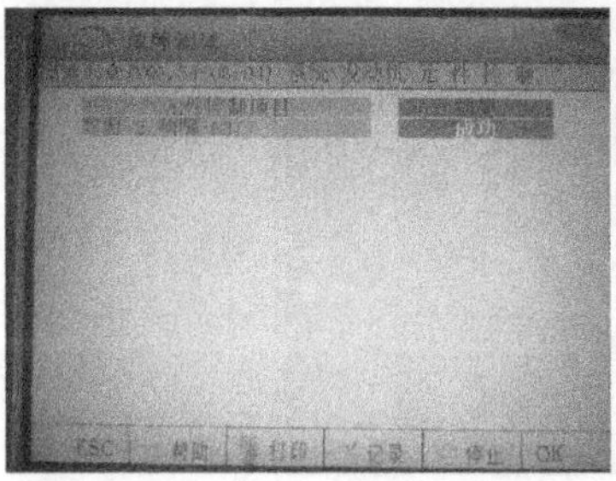	此项功能可以检查执行元件的电路工作状况,进行元件控制测试时可以观察该元件是否正常工作,如果该执行元件不正常工作,则需要检查相关电器元件、插头线束或机械部位是否存在故障。在系统功能选择菜单选择 03—元件控制测试进入操作界面,如图所示。
10.读取动态数据流。	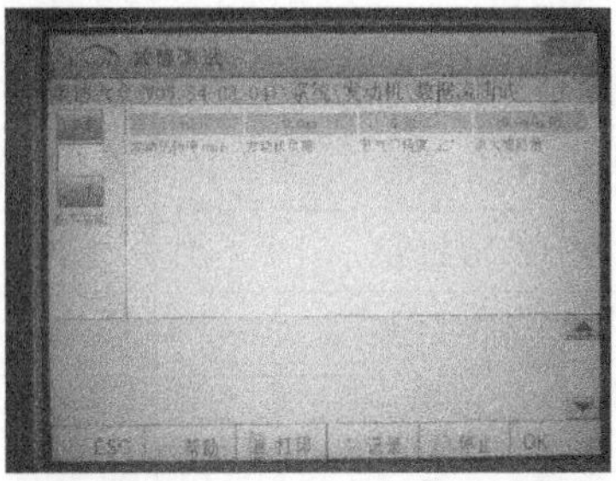	奥迪大众车系的数据流很齐全,但是需要原厂手册支持,否则只显示数据而不知道内容。在系统功能选择菜单选择 08—读取动态数据流菜单进入操作界面。
11.系统设置。	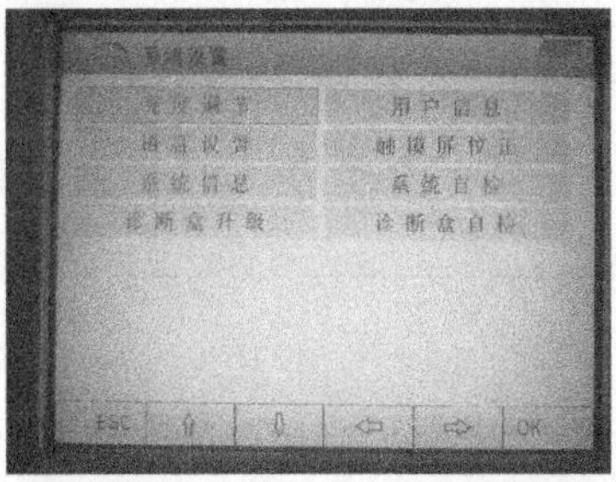	该界面包括如图所示的内容,可根据需要进行设定。
12.示波分析仪。	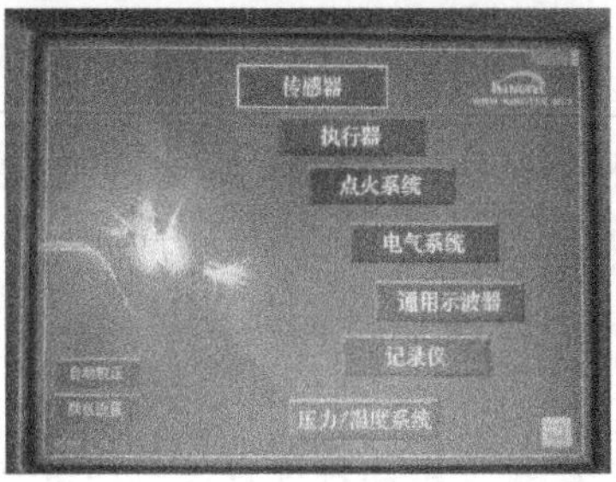	该选项可根据要求进行选择,选择的内容如图所示。

续　表

操作步骤	图　　示	说　　明
13.辅助功能。		该选项可供选择的内容为：汽车英汉词典，计算器，RFID钥匙诊断（选配）。
14.返回主页面。		操作完毕后需返回至该页面。

【任务测评】

序号	考核内容	评分标准	分数	扣分说明	得分
1	仪器的准备	酌情扣分	10		
2	线路的检查	是否完成	10		
3	OBD的选择	是否正确	10		
4	连接电源线	操作错误一次扣10分	10		
5	检测步骤	操作错误一次扣10分	45		
6	安全规范	出现安全事故或违规操作扣15分	15		
7	总分	100	成绩		

【任务拓展】

一、用车安全警告

在良好的通风条件下进行检测,如果没有足够的通风,则将汽车排气管接到室外。

1.严禁在检测过程中抽烟,有明火。

2.汽车电瓶液中含有硫酸,硫酸对皮肤有腐蚀性,操作时应避免电瓶液与皮肤直接接触,特别注意不能溅入眼睛。

3.发动机运转时温度较高,应避免接触水箱和排气管等高温部件。

4.启动发动机前,拉好手制动,特别应挡好前轮,并将排挡杆置于P挡或空挡以免启动发动机时,车辆冲出伤人。

5.若以外接电瓶作电源,请注意电极极性须用红色鳄鱼夹接电瓶正极,黑色鳄鱼夹接电瓶负极。

6.当在发动机室内使用仪器,所有电源线缆、表笔和工具应远离皮带或其他运动器件。

7.在发动机舱进行维修工作时,不要戴手表、戒指,也不要穿宽大的衣服。

8.在所有汽车检测过程中,都要戴上经过许可的安全眼镜。

二、仪器使用注意事项

本仪器为精密电子仪器,请勿摔碰。

1.首次测试时,仪器可能响应较慢,请耐心等待,不要频繁操作仪器。

2.发动机点火瞬间显示屏可能发生闪烁,属正常现象。

3.若显示屏闪烁后,程序中断或花屏,请关掉电源,重新开机测试。

4.保证仪器和诊断座连接良好,以免信号中断影响测试。如发现不能正常连接,请拔下接头重插一次,不要在使用过程中剧烈摇动接头。

5.使用过程中尽量不要摘下 KT600 的保护套,尽量将仪器放置于水平位置,屏幕水平朝上。

6.使用连接线和接头时请尽量使用螺丝紧固,避免移动时断开和损坏接口。拔接头时请握住接头前端,切忌拉扯后端连接线。

7.插拔打印机、诊断盒、示波盒时,请握紧主机,避免跌落。

8.尽量轻拿轻放,置于安全的地方,避免撞击,不使用时请断开电源。

9.使用完后注意将触摸笔插入主机背面的插孔中,将配件放回箱子以免丢失。

10.在线升级的速度受您所在地的网速影响,如果下载速度较慢请耐心等待。

11.操作本仪器需有一定汽车检测维修基础,对被测汽车电控系统有一定认识。

三、运行环境

条件	规范
温度(运行时)	−10～50 ℃(14～122 °F)
温度(非运行时)	−20～70 ℃(−4～158 °F)
相对湿度(运行时)	40 ℃时 15％～95％(无凝霜)
相对湿度(非运行时)	65 ℃时 90％(无凝霜)

四、常见疑难解答

1.利用仪器检修车辆时,遇到无法进入系统的现象。

答：系统进不去的常见原因有：

（1）控制单元的电源存在问题，包括正电、负电等；

（2）控制单元与诊断插座的连线存在问题；

（3）控制单元损坏；

（4）解码器软件版本陈旧；

（5）该系统不具备自诊断功能。

2. 读取故障码时出现"与汽车电脑通讯错误"的提示，怎么办？

答：可能有以下原因：

（1）检测接头连接不良，请检查测试接头与汽车诊断座连接是否正确；

（2）汽车自诊断座连接线故障，请用万用表测量诊断座各接脚是否满足正常条件；

（3）解码器电源出现波动，如一边运行解码器测车，一边启动汽车。

3. 为什么某些车的部分系统能测试，而其他系统不能进入？

答：这是因为车的某些系统诊断线不正常造成的，解码器必须通过诊断座信号线与相应的车辆电脑进行双向通讯才能完成故障读取，故障码清除，读取数据流及进行终端元件控制。

请用万用表测量诊断座各接脚是否满足正常条件（如系统的点火电源、地线、通讯线及系统控制单元等都应正常）。

4. 在测试汽车时，可以进入测试，但经常出现通讯中断。

答：这是由于干扰造成的，测试延长线不要靠近强烈的干扰源，另外请最好使用汽车电瓶给解码器供电，这样外置解码器与汽车电子系统共地良好，抗干扰能力增强。

5. 测试汽车时通讯速度特别慢，但可以通讯。

答：设备与汽车通讯的速度取决于汽车电脑的性能，同一台解码器用于检测低波特率的 PCM 时比检测高波特率的 PCM 要慢，例如早期的通用公司采用的是 160 波特的低速 PCM 作为控制系统，而新款的通用汽车控制系统采用 8 192 波特，通讯速度当然会有很大差距。

6. 天气冷触摸屏反应迟钝。

答：触摸屏反应迟钝是温度过低引起的，因为每个元器件都有它适应的温度范围（本机工作温度范围为−10 ℃～50 ℃），如果环境温度低，通电后预热 30 min 左右即可。

7. 与 ECU 通讯失败。

答：检查测试接头、测试程序与车型是否匹配。

8. 系统启动时提示没找到 CF 卡或无法进入诊断界面。

答：此种情况一般是由 CF 卡未插入、插入不当或者 CF 卡已经损坏引起的。

任务九　汽车举升机的使用

【任务目标】

1.了解举升机的类型和用途。

2.了解双柱举升机的基本结构。

3.掌握举升机的操作要领。

4.运用举升机举升车辆。

【任务描述】

汽车举升机是用于汽车维修过程中举升汽车的设备,汽车开到举升机工位,通过人工操作可使汽车举升一定的高度,便于汽车维修。举升机在汽车维修养护中发挥着非常重要的作用,现在的维修厂都配备了举升机,举升机是汽车维修厂的必备设备。

【任务准备】

1.单柱式举升机。单柱式举升机是将停放在地面上的轿车等交通工具举升到一定的高度进行维修的专用设备,是一种典型的用于汽车及工程车辆的局部举升,以便更换车轮轮胎或对车辆底盘进行各种维修作业的机具。单柱举升机操作容易、美观、不占用空间便能将重物方便省力地举起。具有省时省力的效果,不用时完全放置于地面,方便汽车倒车和放置物品,是汽车修理不可缺少的机具。

2.双柱式举升机。双柱式汽车举升机是一种汽车修理和保养单位常用的专用机械举升设备,广泛应用于轿车等小型车的固定式升降平台(汽车举升机)维修和保养。双柱式汽车举升机将汽车举升在空中的同时可以节省大量的地面空间,方便地面作业。

3.四柱式举升机。四柱式汽车举升机是一种大吨位汽车或货车修理和保养单位常用的专用机械举升设备,四柱式汽车举升机也很适合于四轮定位用,因为一般四柱式汽车举升机都有一四轮定位档位,可以调整,可以确保水平。

4.剪式举升机。剪式举升机执行部分采用剪式叠杆形式,电力驱动机械传动结构,目前广泛用于大型车辆维修。剪式双剪叉举升机的举升速度适中且不占用车坑位置,对于一些车型相对固定,工作强度大(如在公共汽车)的修理领域无疑是最好的选择。而且由于结构简单,同步性好,一般常用作四轮定位仪的平台。

【任务实施】

一、举升机结构认识

操作步骤	图　示	说　明
1.准备仪器。		双柱式举升机
2.举升机1。		1.电源开关 2.电动机 3.泵油箱 4.卸荷手柄
3.举升机2。		5.主立柱 6.短提升臂 7.长提升臂 8.拉升臂

续　表

操作步骤	图　示	说　明
4.举升机 3。		9.托垫 10.滑车 11.副立柱 12.稳定梁 13.操作手柄 14.保险拉索

★操作注意事项：

1.举升机使用前注意安全检查。

2.举升机的液压回路和保险机构需要定期的检查维护。

3.举升机不用时关闭电源开关。

二、车辆的举升操作

操作步骤	图　示	说　明
1.安全检查。		检查举升机立柱的地脚螺栓是否出现丢失、损伤或松动。 检查液压系统是否有泄漏现象。

续 表

操作步骤	图 示	说 明
2.车辆入位。		注意车头方向,保持车头和举升机的短臂方向一致,并且车辆停驻在主副立柱和提升臂之间,拉紧驻车制动器或变速到 p 档位。
3.解锁支撑。		拔起支撑臂锁止机构操纵手柄,移动支撑臂于扯车下。
4.支撑车辆。		查找车辆底板上的支撑点,调整提升臂的长度,将托点对正支撑点,必要时使用重量延伸器。
5.锁止支撑臂。		防止出现支撑点的位移。

续　表

操作步骤	图　示	说　明
6. 小幅举升车辆。		
7. 检查确认支撑点是否可靠。		一定要保证托垫与支撑点的正确接触,以免举升时或举升后,由于车辆晃动而发生滑溜。另外,两者不正确的接触,还会造成车身变形。
8. 举升车辆。		举升车辆达到目标高度,断开电机开关。
9. 锁止车辆举升高度。		拉下保险,按下手动卸荷阀,车辆下降少许后可靠停驻,方可进入车下作业。

续 表

操作步骤	图 示	说 明
10.放下车辆。		按下电动机开关,车辆上升 10~20 mm,松开电动机开关。 拉下左右两侧的机械保险拉线,解除滑车的锁止。
11.按住手动卸荷阀。		按下手动卸荷阀手柄,缓缓降下车辆,使车辆完全落于地面。
12.收起支撑臂。		车辆平稳落地且托垫与支撑点分离后。
13.收拢支撑臂。		将长短支撑臂收回并向一侧靠拢,然后车辆方可移动。

续 表

操作步骤	图 示	说 明
14.清洁整理工位。		清扫工位,整理工具。

★操作注意事项:

1.使用前应清除举升机附近妨碍作业的器具及杂物,并检查操作系统是否正常;

2.操作机构灵敏有效,液压系统不允许有爬行现象;

3.支车时,4个支角应在同一平面上,调整支角胶垫高度使其接触车辆底盘支撑部位;

4.支车时,车辆不可支得过高,支起后4个托架要锁紧。

【任务测评】

一、举升机结构认识考核表

序号	考核内容	评分标准	分数	扣分说明	得分
1	1.电源开关 2.电动机 3.泵油箱 4.卸荷手柄	指错一次扣5分	20		
2	5.主立柱 6.短提升臂 7.长提升臂 8.拉升臂	指错一次扣5分	20		
3	9.托垫 10.滑车 11.副立柱 12.稳定梁 13.操作手柄 14.保险拉索	指错一次扣5分	30		
4	举升机的安全检查	操作错误一次扣10分	20		
5	安全规范	出现安全事故或违规操作扣10分	10		
6	总分	100	成绩		

二、举升车辆考核表

序号	考核内容	评分标准	分数	扣分说明	得分
1	机器的准备	酌情扣分	10		
2	举升机的安全检查	操作错误一次扣2分	5		
3	车辆的正确停放位置	操作错误一次扣2分	10		
4	正确查找车辆支撑点	操作错误一次扣2分	5		
5	会使用延伸臂	操作错误一次扣2分	5		
6	会检查托垫和支撑点的位置	操作错误一次扣2分	10		
7	举升中车辆的停驻	操作错误一次扣2分	5		
8	会解除滑车保险	操作错误一次扣5分	15		
9	车辆下降前工位检查	操作错误一次扣2分	5		
10	车辆下到地面,会收拢支撑臂	操作错误一次扣2分	5		
11	整理清洁场地	酌情扣分	10		
12	安全规范	出现安全事故或违规操作扣15分	15		
13	总分	100	成绩		

【任务拓展】

举升机主要安全检查、保养检查内容

一、正确操作条款

1. 每天常规检查,如发现其故障或元件损坏,或任何锁止机构不能正常工作时,应停止操作,及时向上级反应,并通知设备服务单位。

2. 举升机不可超负荷工作。

3. 操作过程中,不要在举升机下站立或起动发动机。

4. 发现无正确举升点,严禁升降汽车。

5. 在举升时,橡胶垫应放置在车下合适的举升点上,当达到所需高度时,应确保锁止。

6. 在降落前,确认工具、工作台等撤离。在降落前释放控制杆,降落过程中,注意观察,发现汽车倾斜时,立即释放控制杆,以免降落。

7. 当有人在升起的汽车下工作时,他人不得操纵控制杆。

8. 在汽车驶入或驶出升降台时,确认举升臂及支撑臂未阻挡。

9. 每天下班之前,应清洁升降柱及升降区域。

10. 应定期对其进行保养。

二、安全检查项目

1. 丝接头是否有毛刺。

2. 所有螺帽是否都紧。

3. 线路是否有破皮的地方。

4. 钢丝、滑道是否缺黄油。

5. 工作小车下、立柱内是否有异物。

6. 上升下降是否有停不了现象。（行程开关或接触器坏）

7. 立柱是否倾斜过大。（2 cm 内正常）

8. 工作小车两边高矮是否相差过大。（2 cm 内正常）

三、常用耗品的更换

1. 每一年半必须更换液压油一次。

2. 每年必须清洗一次设备各部件，检查有无裂纹、磨损情况，重新打黄油。部件包括：链条、滑道、轴承、钢丝。

3. 有裂纹的胶垫一季度左右更换一次。

4. 每年将油路浸油的密封圈全部更换。注意：拆油管时先卸油压，将工作小车挂在保险上或者放到底。

任务十 百斯巴特四轮定位仪的使用

【任务目标】

学会使用百斯巴特四轮定位仪测量汽车的悬架系统的定位参数,将已经偏离的定位参数调整到标准参数范围内。

【任务描述】

帕萨特 B5 轿车出现跑偏,汽修厂使用百斯巴特四轮定位仪测量该车悬架系统定位参数,对测量数据进行分析,判断故障部位将其调整到标准参数范围内。

【任务准备】

百斯巴特定位仪主要部件(如图 10-1 所示)

1.定位仪主机

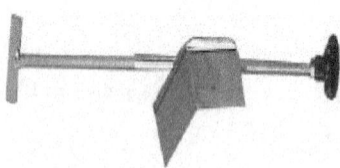
2.刹车锁

3.方向盘锁

4.A4 彩色喷墨打印机

5.有线传感器

6.打印机

7.机械转角盘 8.卡具

图 10-1

【任务实施】

一、1号操作员车轮定位操作步骤

操作步骤	图　示	说　明
1.安装车轮挡块。		防止汽车移动。
2.安装升车垫块。		安装在汽车升车的位置。
3.检查定位销。		(1)防止损坏转角盘内的传感器。 (2)防止车身滑动。
4.记录汽车识别代码、汽车功率。		数据在汽车主、副驾驶的车门架旁。

操作步骤	图 示	说 明
5.检查备胎和后备厢。		检查备胎是否安放好,后备厢有无杂物。
6.检查车身。		检查车身有无损坏,车内有无重物。
7.进入检测程序,输入相关数据。		输入客户信息和维修站信息,选择与定位匹配的车型数据。
8.检查汽车底盘。		先检查前轮转向节、转向横拉杆及球头有无松动、弯曲、损坏,横拉杆防尘套有无损坏,下摆臂、稳定杆有无损坏后将小举升机推动。
9.安装测量仪支架。		支架安装后用手晃动复查是否安装牢固。

操作步骤	图　示	说　明
10.安装测量仪。		安装测量仪时注意轻拿轻放,不要发生碰撞。
11.调整测量仪水平。		调整测量仪水平气泡置于中间位置并按复位键R。
12.检查车身安全。		检查车身安全后,准备上升车辆。
13.进入偏位补偿程序。		只有完成轮毂偏位补偿的操作才能保证定位测量的精度。
14.进行车轮偏位补偿。		左右前轮偏位补偿做好后,按偏位补偿计算键M并计算数据。

操作步骤	图　示	说　明
15.拆下定位销。		取下转角盘的定位销。
16.前后减震器复位。		使前后悬架系统松弛、复原,测量时能得到车辆悬架的真实值。
17.调整水平气泡。		安装刹车锁后调整水平气泡。
18.进行检测。		根据测试软件的提示进行操作直至检测结束。
19.根据车轮测读数据分析四轮定位参数的情况。		与车辆技术资料进行比较,判断是否需要调整。完毕后,再次进行测试、调整,直至符合要求为止。绿色结果表示该参数合格,红色结果表示该参数不合格,黑色结果表示该参数无标准数据。

续　表

操作步骤	图　示	说　明
20.清理现场。		拆下定位销,拆下车轮挡块,关闭所有电源设备,拆下所有连接测试件。

二、2号操作员车轮定位操作步骤

操作步骤	图　示	说　明
1.安装车轮挡块。		防止汽车移动。
2.安装升车垫块。		安装在汽车升车的位置。
3.检查定位销。		(1)防止损坏转角盘内的传感器。 (2)防止车身滑动。

操作步骤	图　示	说　明
4.拉起后备厢释放杆。		打开车门,拉起后备厢释放杆,准备检查后备厢。
5.安装车内三件套,换挡杆置于空挡位置,降下车窗。		安装地板垫、座椅套、方向盘套,换挡杆置于空挡位置,方向盘解锁点火开关置于一挡位置,降下车窗。
6.安装方向盘锁。		保证后轴调整时的中心对称面的准确测量,并防止前轮调整时方向偏转,影响测量结果。
7.安装刹车锁。		防止在转向测量时,车轮发生转动引起传感器随之转动,影响主销后倾角和主销内倾角的测量结果。
8.测量轮胎沟槽深度及气压。		先检查车轮轮毂有无损坏,轮胎表面有无杂物、金属物,后测量轮胎沟槽深度及气压。

操作步骤	图　示	说　明
9.车辆升高。		车辆升高到一个人的高度即可,准备检查底盘。
10.检查汽车底盘。		先检查前轮转向节有无损坏,转向横拉杆及球头有无松动、弯曲、损坏,横拉杆防尘套有无损坏,后检查稳定杆、稳定杆连杆、第1悬架杆、第2悬架杆、支撑杆有无松动、弯曲、损坏。
11.车辆下降。		下降至车轮距离地面30 cm。
12.安装测量仪支架。		支架安装后用手晃动复查是否安装牢固。
13.安装测量仪。		安装测量仪时注意轻拿轻放,不要发生碰撞。

操作步骤	图 示	说 明
14.调整测量仪水平。		调整测量仪水平气泡置于中间位置并按复位键 R。
15.拆下刹车锁。		把刹车锁放到指定位置。
16.检查车身安全。		检查车身安全后,准备上升车辆。
17.上升车辆。		上升车辆,准备做前轮偏位补偿。
18.进行车轮偏位补偿。		左右前轮偏位补偿做好后,按偏位补偿计算键 M 并计算数据。

操作步骤	图　示	说　明
19.拆下定位销。		取下转角盘的定位销。
20.前后减震器复位。		使前后悬架系统松弛、复原,测量时能得到车辆悬挂的真实值。
21.方向盘调整。		按图示将方向对中,分别向右、向左打20°转角,以屏幕上箭头对中为准。
22.安装刹车锁。	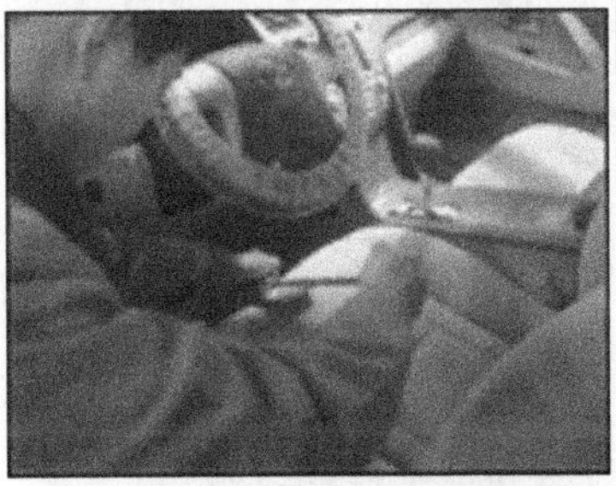	刹车锁需安装可靠。
23.调整水平气泡。		安装刹车锁后调整水平气泡。

操作步骤	图　示	说　明
24.方向盘调整。		按图示将方向对中,分别向右、向左打20°转角,以屏幕上箭头对中为准直至检测结束。
25.清理场地。		拆下方向盘锁、刹车锁、三件套,换挡杆置于P档,升起车窗,锁好车门,收好测试线,再升车将小举升机复位。

【任务测评】

一、1号操作员车轮定位操作考核表

序号	考核内容	评分标准	分数	扣分说明	得分
1	安装车轮挡块、升车垫块	安装错误一次扣2分	5		
2	检查定位销	安装错误一次扣2分	5		
3	记录汽车识别代码、汽车功率	记录错误一次扣2分	5		
4	检查备胎和后备厢	检查错误一次扣3分	5		
5	检查车身	检查错误一次扣3分	5		
6	进入检测程序,输入相关数据	输入相关数据错误一次扣2分	5		
7	检查汽车底盘	检查错误一次扣3分	5		
8	安装测量仪支架	安装错误一次扣2分	5		
9	安装测量仪	安装错误一次扣2分	5		
10	调整测量仪水平	调整错误一次扣2分	5		
11	检查车身安全	检查错误一次扣3分	5		
12	进行车轮偏位补偿	操作错误一次扣3分	5		

序号	考核内容	评分标准	分数	扣分说明	得分
13	拆下定位销	操作错误一次扣3分	5		
14	前后减震器复位	操作错误一次扣3分	5		
15	调整水平气泡	操作错误一次扣3分	5		
16	进行检测	操作错误一次扣3分	5		
17	根据车轮测读数据分析四轮定位参数的情况	分析错误一次扣5分	5		
18	安全规范	出现安全事故或违规操作扣10分	10		
19	总分	100	成绩		

二、2号操作员车轮定位操作考核表

序号	考核内容	评分标准	分数	扣分说明	得分
1	安装车轮挡块、升车垫块	安装错误一次扣2分	5		
2	检查定位销	检查错误一次扣3分	5		
3	拉起后备厢释放杆	操作错误一次扣2分	2		
4	安装车内三件套，置于空挡位置，降下车窗	安装错误一次扣3分	5		
5	安装方向盘锁	安装错误一次扣2分	2		
6	安装刹车锁	安装错误一次扣2分	2		
7	测量胎压、沟槽深度	测量错误一次扣3分	7		
8	车辆升高	操作错误一次扣2分	2		
9	检查汽车底盘	检查错误一次扣2分	5		
10	车辆下降	操作错误一次扣2分	2		
11	安装测量仪支架	安装错误一次扣3分	5		
12	安装测量仪	操作错误一次扣3分	5		
13	调整测量仪水平	调整错误一次扣3分	5		
14	拆下刹车锁	操作错误一次扣2分	2		
15	检查车身安全	检查错误一次扣3分	5		
16	上升车辆	操作错误一次扣2分	2		
17	进行车轮偏位补偿	操作错误一次扣2分	5		

续　表

序号	考核内容	评分标准	分数	扣分说明	得分
18	拆下定位销	操作错误一次扣2分	2		
19	前后减震器复位	操作错误一次扣2分	5		
20	方向盘调整	操作错误一次扣2分	5		
21	安装刹车锁	安装错误一次2分	2		
22	调整水平气泡	调整错误一次扣3分	5		
23	方向盘调整	调整错误一次扣3分	5		
24	安全规范	出现安全事故或违规操作扣10分	10		
25	总分	100	成绩		

【任务拓展】

一、需做四轮定位的情况

1.汽车年检前。

2.新车行使达3 000 km时。

3.每半年或车辆行驶达一万km时。

4.更换或调整轮胎、悬挂系统后。

5.更换转向系统及零件时。

6.直行时方向盘不正。

7.直行行驶时需紧握方向盘。

8.车辆转向时,方向盘太重或无法自动回正。

9.轮胎不正常磨损。

10.事故车维修后。

二、四轮定位不良会引起的行驶故障

1.方向盘过沉,是由后倾角过大造成的。

2.方向盘发抖,是由轮胎的静态或者动态不平衡、车轮中心点偏心产生凸轮效应造成的。

3.车辆行驶中跑偏,是由车辆的左右后倾角或外倾角数值不相等、车身高度左右不相等、左右轮胎尺寸或气压不相等、轮胎变形造成的。

4.方向盘不正,是由后轮前束不良造成斜推进线、转向系统不正造成的。

5.轮胎的非正常磨损,这里面包括:轮胎块状磨损、羽毛状磨损、凸波状磨损和单边磨损。导致这些非正常磨损的原因大都集中在轮胎的前束和倾角的参数偏移上。

任务十一　空调制冷剂加注回收一体机的使用

【任务目标】

了解制冷剂的种类、使用和充注制冷剂的注意事项,掌握空调制冷剂加注回收一体机的使用方法。

【任务描述】

帕萨特 B5 轿车空调不制冷,制冷剂已泄露,使用空调制冷剂加注回收一体机进行制冷剂加注。

【任务准备】

一、空调制冷剂加注回收一体机结构(如图 11-1 所示)

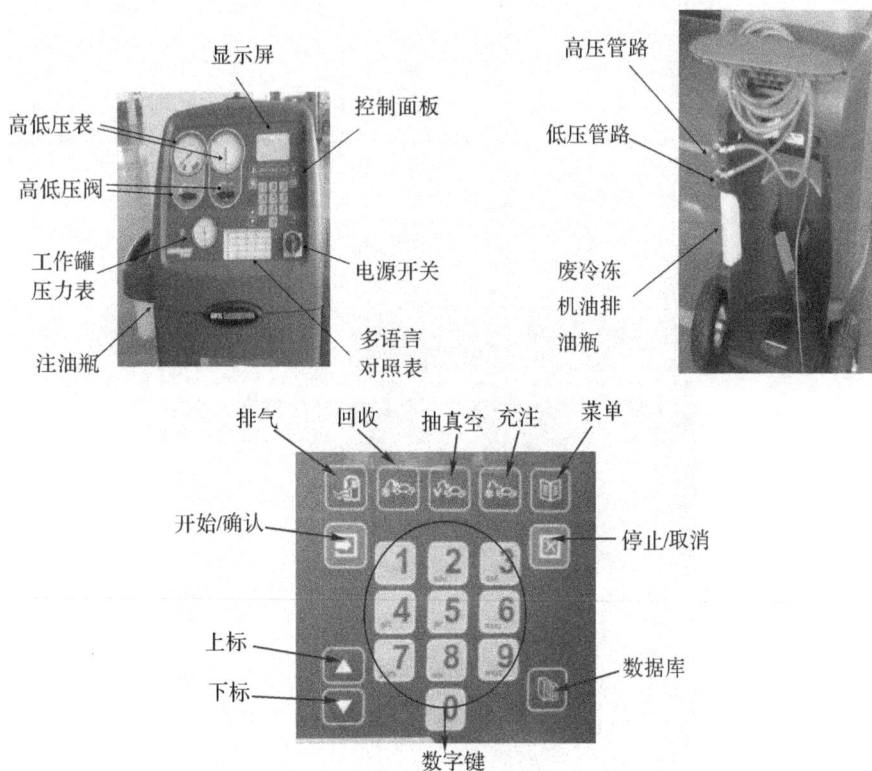

图 11-1

【任务实施】

一、制冷剂回收作业准备

操作步骤	图　示	说　明
1. 打开空调制冷剂加注回收一体机。		把空调制冷剂加注回收一体机电源开关打开。
2. 记录回收前的罐重数值。		显示工作罐质量并将回收前的罐重数值记录在回收数据表中。注意：工作罐质量不超过罐体标称质量的80%。
3. 对回收机管路的检漏。		分别将高低压软管接头顺时针连接在回收机接口上。注意：红管为高压，蓝管为低压。高压接头比低压接头粗。指针应指在负压（−90 kPa）下，如不在负压下，说明回收机或管路有泄漏。
4. 启动制冷装置运行3~5min。		制冷剂回收量就比较多。

操作步骤	图 示	说 明
5.按"数据库"键。		根据车型,查找数据库,空调数据库显示车辆制冷剂型号及制冷剂量。

二、制冷剂回收作业

操作步骤	图 示	说 明
1.按"回收"键。		进入回收程序。
2.选择回收量。		根据数据库数值,按数字键,设置回收量。根据提示连接管路。

续 表

操作步骤	图 示	说 明
3.按菜单要求,进行管路连接。		将高低压快速接头正确连接至制冷系统的检测接口。注意:顺时针拧开高低压开关时,速度应慢一些,防止冷冻机油被制冷剂带出系统。
4.打开高低压阀。	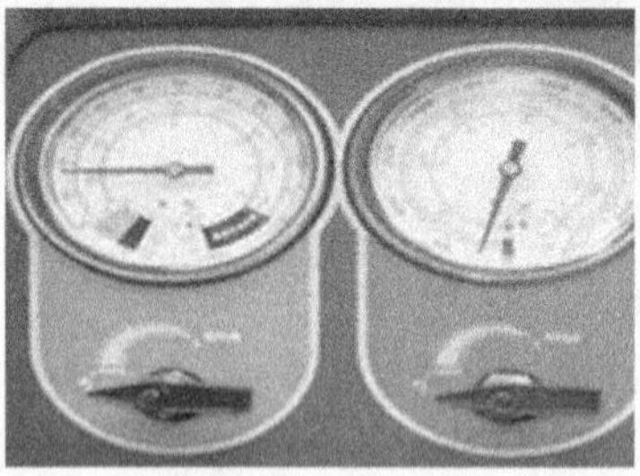	打开仪器上的高低压阀。
5.启动自我清洁管路功能。	清理管路1分钟... 0:05	设备自动启动自我清洁管路功能。
6.回收制冷剂。	正在回收... 已回收 0.032Kg	进行制冷剂回收。
7.显示回收的制冷剂量,准备进行排废油,记录瓶内的废油液面。	回收完成 已回收 0.093Kg 下一步,排油?	回收结束后,显示回收的制冷剂量,仪器准备进行排废油。排油瓶表面有刻度,查看排油瓶内的废油液面并记录。

操作步骤	图　示	说　明
8. 排废油。		显示仪器正在排废油。
9. 结束排油。		排油结束,仪器自动停止。
10. 关闭高低压阀门。		关闭控制面板上的阀门。
11. 记录排油瓶废油液面,计算排出废油量。		等待一段时间,废油无气泡后,查看排油瓶废油液面并记录,计算出排出的冷冻机油量(废油)。冷冻机油回收量＝回收后的液面值－回收前的液面值。
12. 记录回收后工作罐重量。		查看回收后工作罐重量并记录。制冷剂回收量＝回收后的罐重－回收前的罐重。

三、制冷剂的加注作业

操作步骤	图　示	说　明
1.真空检漏。	抽真空	按"抽真空"键,仪器进行抽真空。
2.选择抽真空时间,进行抽真空。	ROBINAIR 抽真空时间　15:00 请设定抽真空时间	按数字键,选择抽真空时间。按"确认"键进行抽真空。注意:时间可以选择少些。
3.打开高低压阀。		打开控制面板上的高低压阀。
4.抽真空至系统真空度低于-90 kPa,关闭高低压阀,停止抽真空。		保持真空度至少15 min,检查压力表示值变化。如压力未上升,进行微小泄漏量的检查;如压力有回升,则继续抽真空;如果累计抽真空时间超过30 min,压力仍回升,则可以判定制冷装置有泄漏,应检修制冷装置。

【任务测评】

一、空调制冷剂加注回收一体机使用考核表

序号	考核内容	评分标准	分数	扣分说明	得分
1	作业前的准备	操作错误一次扣2分	5		
2	制冷剂类型鉴别和纯度检测	操作错误一次扣5分	10		
3	制冷剂泄漏检查	检查错误一次扣5分	10		
4	制冷剂回收	操作错误一次扣5分	10		
5	制冷剂净化	操作错误一次扣5分	10		
6	抽真空检漏	操作错误一次扣5分	10		
7	加注冷冻机油	操作错误一次扣5分	10		
8	再抽真空	操作错误一次扣5分	5		
9	定量加注制冷剂	操作错误一次扣5分	10		
10	空调性能检验	操作错误一次扣5分	10		
11	安全规范	出现安全事故或违规操作扣10分	10		
12	总分	100	成绩		

【任务拓展】

一、制冷剂的种类

制冷剂在制冷系统中是用于转换热量并循环流动的物质。汽车空调中的制冷剂在正常使用时,会缓慢逸出,时间一久,制冷效果会有所下降。这时,就需要添加制冷剂。常用的制冷剂有 R-12(有害)、R-134a(无害)。

1.R-12(如图 11-2 所示):又称氟利昂,消耗大气中的臭氧层,破坏环境。

2.R-134a(如图 11-3 所示):一种新型有机制冷剂,与 R-12 相比,最大的特点是相对环保,具有无毒、无味、无色、不燃、不爆、热稳定性好等特点。

注意:制冷剂避免接触皮肤,容易造成皮肤冻伤。

图 11-2

图 11-3

二、使用制冷剂的注意事项

1.处理制冷剂时注意事项。

（1）不要在封闭的室内或靠近明火处理制冷剂。

（2）在操作时应戴安全护目镜。

（3）应小心操作，不要使制冷剂进入眼睛或接触皮肤，万一液态制冷剂进入眼睛或沾到皮肤上时，应采取以下措施：不要擦眼睛或皮肤，用大量冷水冲洗沾到制冷剂的部位后，用清洁的凡士林涂擦皮肤，并立即去医院治疗。

2.处理制冷剂罐时注意事项。

（1）绝对不要直接加热制冷剂罐，其最高温度须保持在 49 ℃以下。

（2）如果用热水加热制冷剂罐，不要让罐顶部的阀浸入水中，否则水会渗入空调系统中。

（3）空的维修罐绝不能再使用。

3.加注冷剂的注意事项。

（1）如果空调系统中制冷剂量不足，则压缩机油作用减弱，从而可能引起压缩机烧坏。

（2）压缩机工作时，不要打开高压侧的阀门，否则制冷剂就会以相反的方向流动，从而引起制冷剂罐破裂。

（3）不要向空调系统中加注过量的制冷剂，否则会引起诸如冷却不足、油耗增大及发动机过热之类的故障。

（4）通过高压侧加注制冷剂时，决不能起动发动机，也不要打开低压侧手阀。

任务十二　X-431 超级电眼睛的使用

【任务目标】

X-431 超级电眼睛是元征最新一代汽车诊断电脑,它是汽车电子应用技术和信息网络技术完美集成的产品。可以用它来读汽车故障码、读动态数据流和动作测试、显示传感器波形、控制电脑编码等。此外它还具备 PDA 的功能。

【任务描述】

当汽车电控上出现问题时(如点火问题、传感器问题等),可以用它迅速地读取汽车电控系统中的故障,查明发生故障的部位及原因,避免了传统的汽车故障自检仪需要查阅说明书中的故障仪表的麻烦。

【任务准备】

一、概况

X-431 超级电眼睛是元征 X-431 系列汽车诊断电脑的最新产品,它继承了 X-431 系列产品代表世界汽车诊断技术最高水平的"开放式汽车诊断平台"技术,具备读汽车故障码、读动态数据流和动作测试、显示传感器波形、控制电脑编码等功能的同时,还具备 PDA 的功能。它采用整体化结构,Smartbox、打印机和主机集成于一体,设备运行速度更快,安全性更高。它的外观设计更加灵动,人性化手持设计,便于手持式操作。它的所有诊断软件功能同 X-431 系列产品一样。

二、传感器

车用传感器是汽车计算机系统的输入装置,它把汽车运行中各种工况信息,如车速、各种介质的温度、发动机运转工况等,转化成电信号输给计算机,以便发动机处于最佳工作状态。车用传感器很多,判断传感器出现的故障时,不应只考虑传感器本身,而应考虑出现故障的整个电路。因此,在查找故障时,除了检查传感器之外,还要检查线束、接插件以及传感器与电控单元之间的有关电路。

汽车传感器过去单纯用于发动机上,现已扩展到底盘、车身和灯光电气系统上。这些系统采用的传感器有 100 多种。在种类繁多的传感器中,常见的有:

1.进气压力传感器:反映进气歧管内的绝对压力大小的变化,是向 ECU(发动机电控单元)提供计算喷油持续时间的基准信号;

2.空气流量计:测量发动机吸入的空气量,提供给 ECU 作为喷油时间的基准信号;

3.节气门位置传感器:测量节气门打开的角度,提供给 ECU 作为断油、控制燃油/空气比、点火提前角修正的基准信号;

4.曲轴位置传感器:检测曲轴及发动机转速,提供给 ECU 作为确定点火正时及工作顺序的基准信号;

5.氧传感器:检测排气中的氧浓度,提供给 ECU 作为控制燃油/空气比在最佳值(理论值)附近的基准信号;

6.进气温度传感器:检测进气温度,提供给 ECU 作为计算空气密度的汽车传感器依据;

7.冷却液温度传感器:检测冷却液的温度,向 ECU 提供发动机温度信息;

8.爆燃传感器:安装在缸体上专门检测发动机的爆燃状况,提供给 ECU 根据信号调整点火提前角。

三、X-431 的特点

1.通用性。

对于每款可测车型,X-431 具有原厂解码器同样的功能,而且同时还可对国内外 100 多个车系几百种车型进行测试,充分体现了原厂解码器所没有的通用功能。

2.网上升级。

可极为方便地从网上下载诊断软件并直接使用,软件会随着新车型的出现而相继推出。

3.广泛性。

可提供多语言环境,可在不同国家和地区使用。

遍布国内外的营销网络,为您提供最方便和快捷的服务。

4.先进性。

X-431 是目前世界上领先的汽车解码设备。极具现代感的外观设计和触摸式的大屏幕 LCD 使得产品外形简洁,可拆卸的微型打印机能方便用户的操作。该产品是汽车工业与信息技术结合的产物,开创了 IT 时代汽车诊断电脑新的发展方向。这种基于开放式诊断平台的产品不仅创新了汽修企业的维修诊断方式,而且也会受到"爱车族"人士的喜爱。

5.主机系统开放式。

X-431 是一种基于 LINUX 操作系统开发的多功能、多语言环境的具有开放式诊断平台特点的汽车诊断电脑。接口开放,支持第三方开发。

四、功能

1.诊断功能:可对汽车各电控系统进行故障诊断,功能包括读故障码、清故障码、读数据流等。

2.PDA 功能:连笔手写输入、个人数据管理、汽车英汉字典等。

3.选配功能:可选配 X-431 与电脑连接,储存测车数据,建立修车档案,获取维修资料。

4.随机打印功能。

五、结构

X-431的主体部分,包括3大件:主机、(SMARTBOX诊断盒)和(MINIPRINTER迷你打印机)。

这3大件各自具有独立的功能和作用,是通过插接组合为一个整体,外面加上真皮保护外套,防止松动和磨损。除此之外,X-431还配有一些进行汽车诊断和网上升级所需的附件,如测试主线、电源线、开关电源、CF卡、CF卡读写器及各种测试接头等。如图12-1所示。

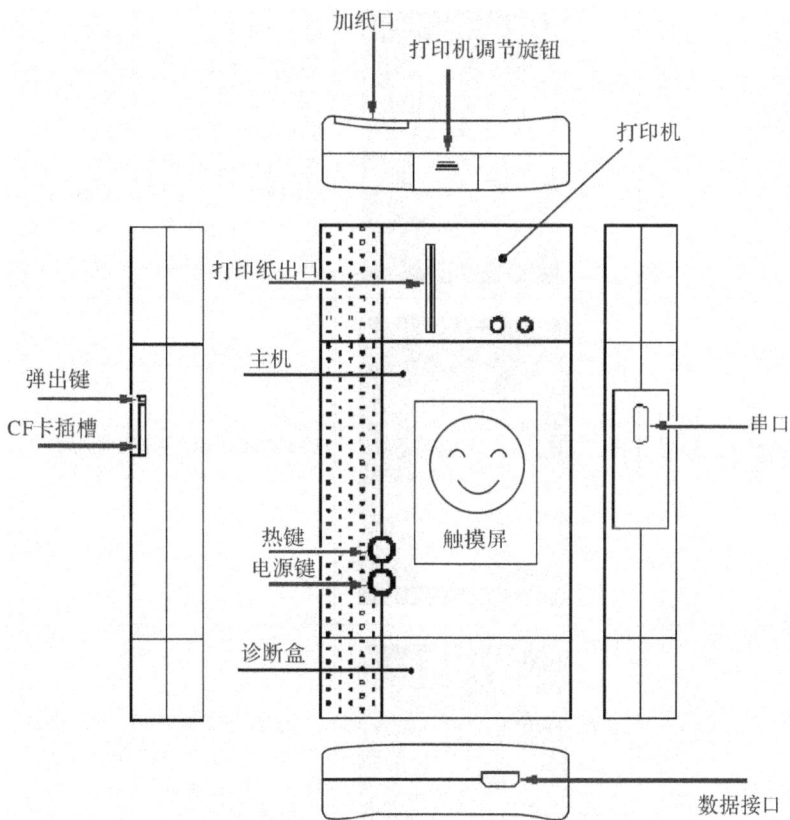

图 12-1

【任务实施】

操作步骤	图　示	说　明
1.进入功能菜单。		连接完毕后,按"POWER"键启动 X-431 电眼睛,启动成功后按"HOTKEY"键直接进入汽车诊断主界面(或点击"开始"按钮,并在其弹出菜单中选择"诊断程序"→汽车解码程序进入)。
2.选择车系。		点击"开始"按钮,屏幕显示车系选择图标。 "后退":返回上一界面。 "上翻页":显示同级菜单的上一页,如果所显示的内容只有一页或当前页为第一页,则该按钮为灰色且不可用。 "下翻页":显示同级菜单的下一页,如果所显示的内容只有一页或当前页为最后一页,则该按钮为灰色且不可用。
3.选择"诊断软件版本"。		选择并点击所测车系图标。
4.系统复位与检测。		点击"确定"按钮,X-431 将对 SMARTBOX 进行复位和检测,并从 CF 卡下载诊断程序。下载完毕,屏幕显示: 按钮说明: "确定"按钮:继续进行测试。

操作步骤	图 示	说 明
5.选择汽车。		点击"确定"后屏幕进入此界面。
6.选择类型。		选择所测系统后进入该页面,该页面可供选择项为:快速数据流诊断,电控系统归零,服务站代码设置,功能导航。
7.快速数据流诊断。		快速数据流诊断包括该界面所示内容。
8.选择发动机系统。		选择该系统作为故障码的诊断,点击"是"。
9.显示电脑型号。		进入该页面后,显示相关的内容,点击"确定"。

操作步骤	图　示	说　明
10.进入诊断系统。		进入该界面后可进行相关的操作。
11.读取故障码。		点击"读取故障代码"功能，X-431 开始测试故障码，同时屏幕显示"正在读取故障码，请等待……"，测试完毕，如测试成功，屏幕显示测试结果。左图所示为某次测试显示的结果。
12.清除故障码。		点击"清除故障码"功能，屏幕提示用户是否想要清除已记录的故障代码，点击"确定"按钮，X-431 开始清除故障码，清除成功后，显示是否重新读取故障码，选择"是"，如故障码已清除，屏幕显示"清除故障码成功"。
13.读取数据流。		该页面为设定相应的数据流代码进行测试。
14.显示数据流。	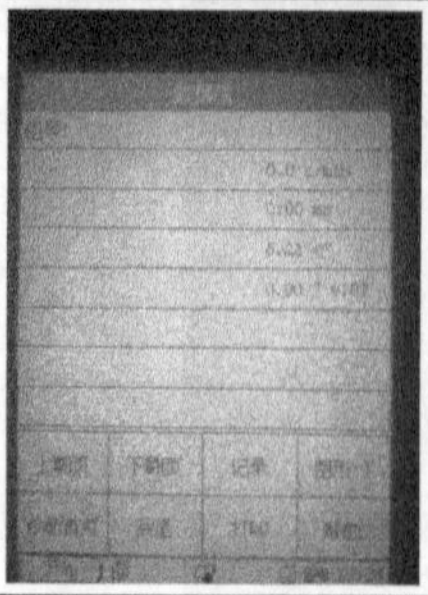	该界面为数据代码"01"所显示的数据流内容。

操作步骤	图　示	说　明
15.返回主界面。		如操作结束,返回至主界面。

【任务测评】

1.传感器认知的考核表

序号	考核内容	评分标准	分数	扣分说明	得分
1	传感器的名称	报错一次扣3分	24		
2	传感器的作用	酌情扣分4分/个	30		
3	传感器的位置	认知错误一次扣5分	40		
4	"7S"规范操作	酌情扣分	6		
5	总分	100	成绩		

2.X-431使用考核表

序号	考核内容	评分标准	分数	扣分说明	得分
1	仪器的准备	酌情扣分	10		
2	正确连接电源线	一次性连接错误扣x分	15		
3	OBD2的选择	选择错误扣x分	10		
4	操作顺序	操作错误一次扣10分	40		
5	操作人员规范操作	安全事故及违规酌情扣分	15		
6	操作结束整理工作	酌情扣分	10		
7	总分	100	成绩		

【任务拓展】

一、X-431 的初次使用

1.开机。

2.接通主机电源,按下主机面板的"电源键",显示校正触摸屏提示;若想校正请按"热键",操作步骤参照 4.5.1 校准触摸屏;若不想校正,请等待后进入启动画面,首次启动将先弹出用户注册信息。按住"电源键"2 s 以上,关闭主机。

二、X-431 的维护与保养

1.不要将 X-431 放于阳光直射、靠近高温处,以及有水、油溅入之处。

2.如长时间不进行测车操作,应定期运行一下 X-431,以免受潮。

3.勿在主机上放置任何异物,避免重压而导致内部元件损坏。

4.不要在运行主机时将 CF 卡拔出。

5.不要将 X-431 置于有磁场干扰的环境中。

三、X-431 网上升级操作方法

1.CF 卡装上读卡器,连接到电脑主机 USB 接口。

2.登录 www.x431.com 网站(如图 12-2——18 所示)。

图 12-2

图 12-3

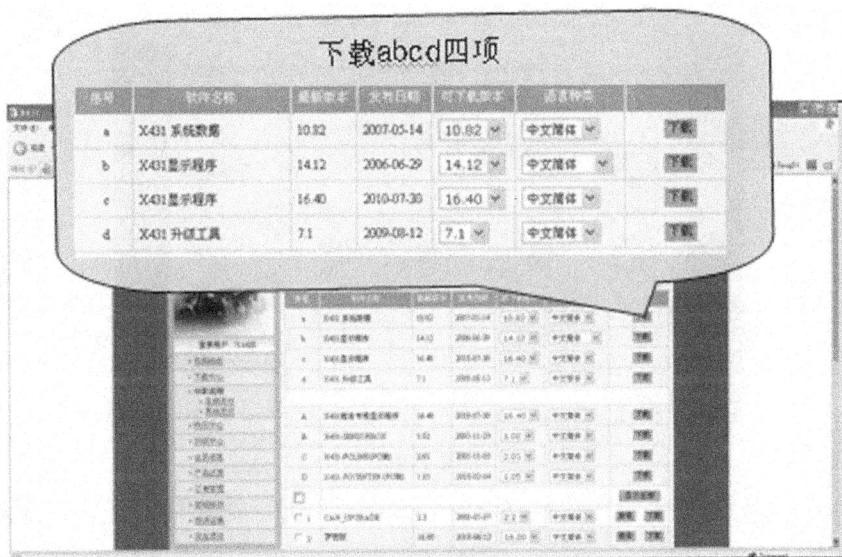

图 12-4

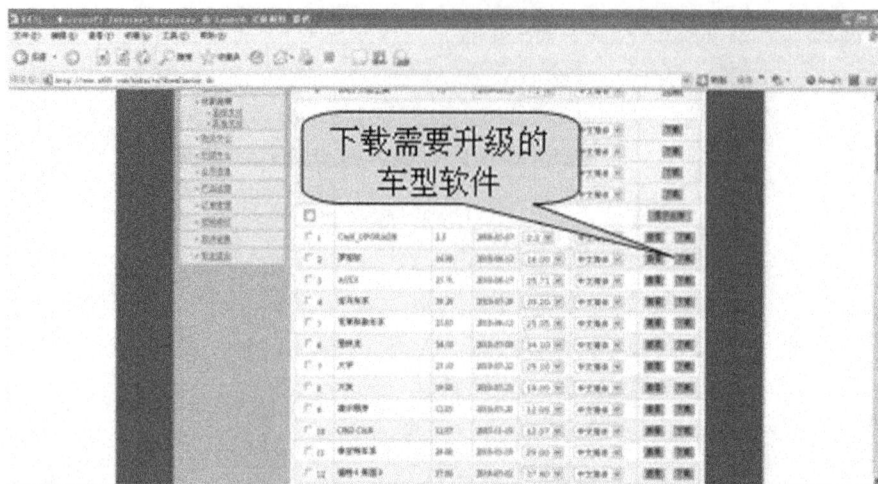

图 12-5

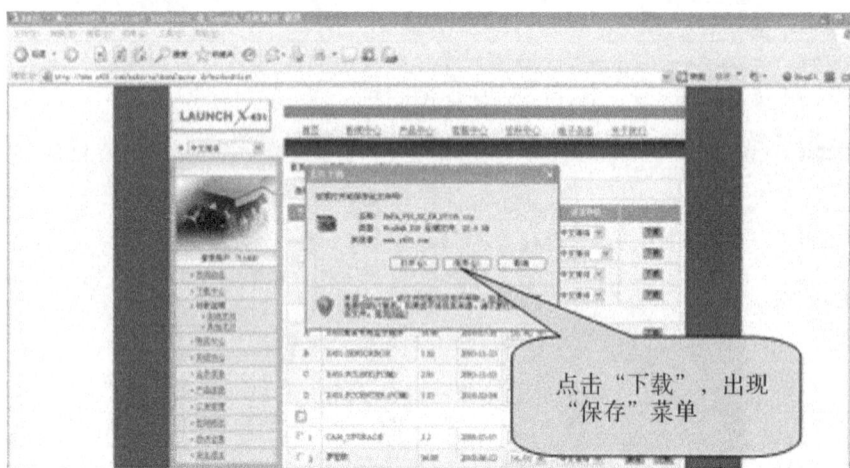

图 12-6

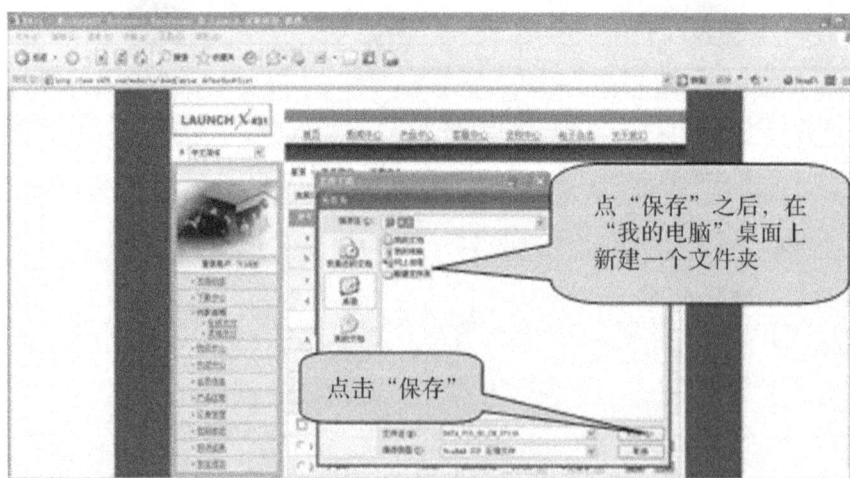

图 12-7

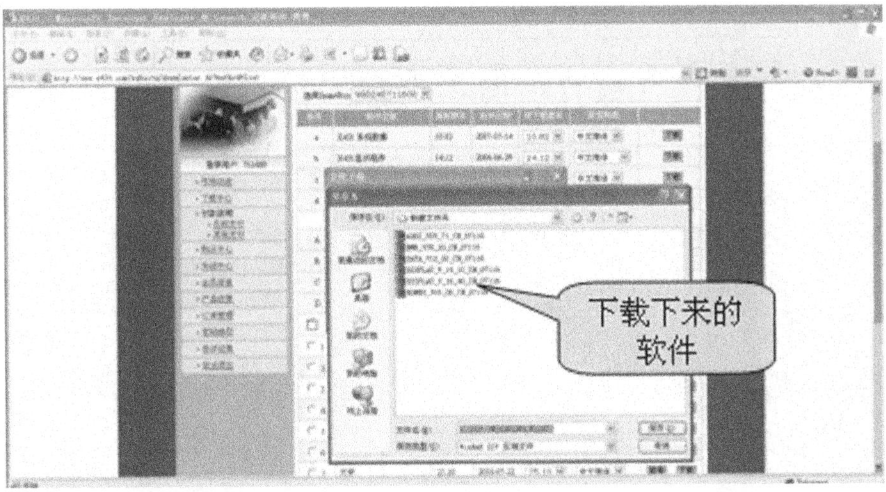

图 12-8

图 12-9

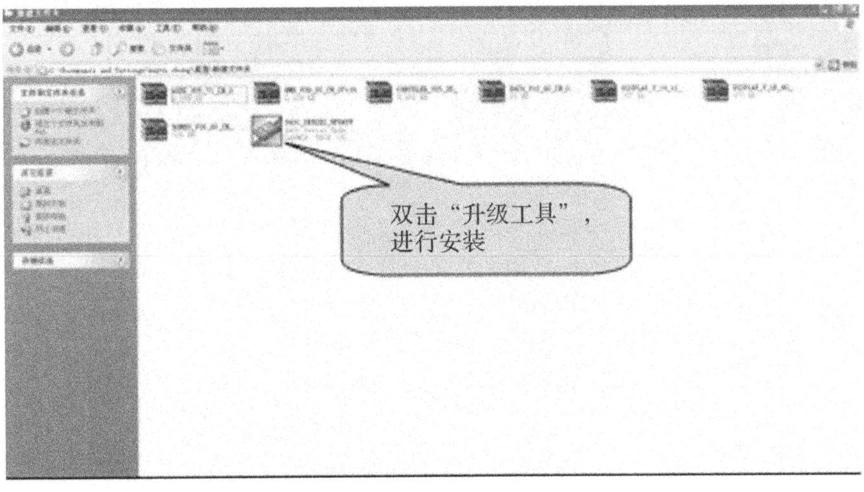

图 12-10

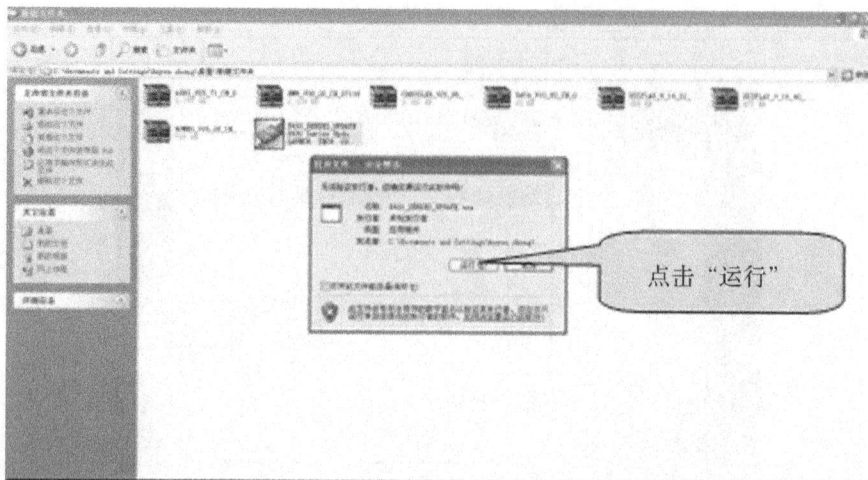

点击"运行"

图 12-11

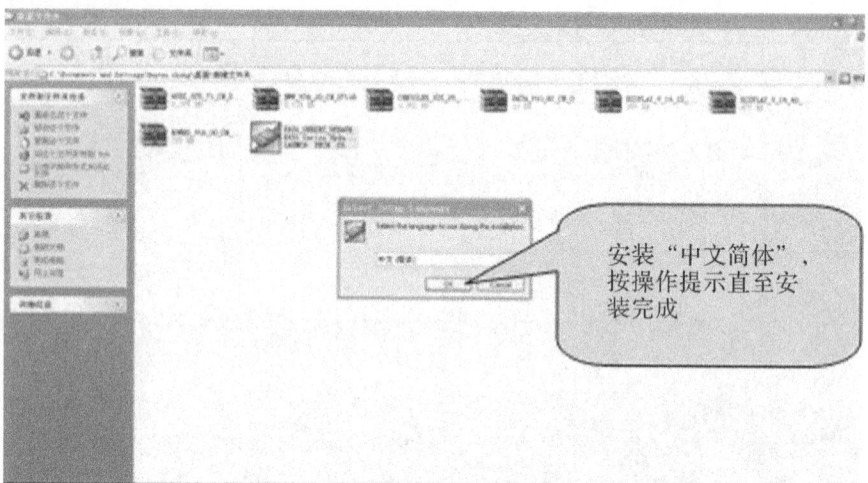

安装"中文简体"，按操作提示直至安装完成

图 12-12

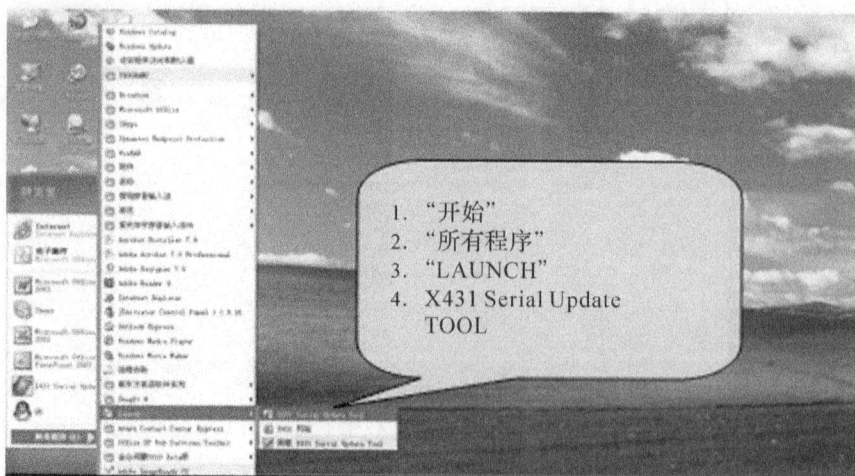

1. "开始"
2. "所有程序"
3. "LAUNCH"
4. X431 Serial Update TOOL

图 12-13

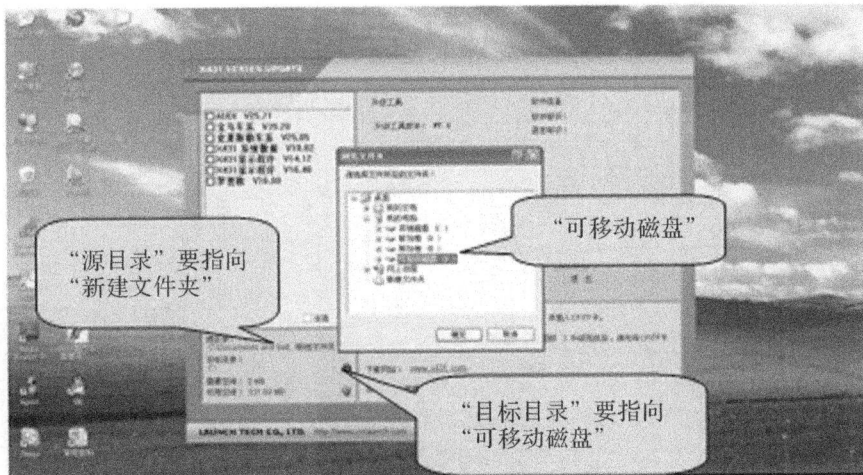

图 12-14

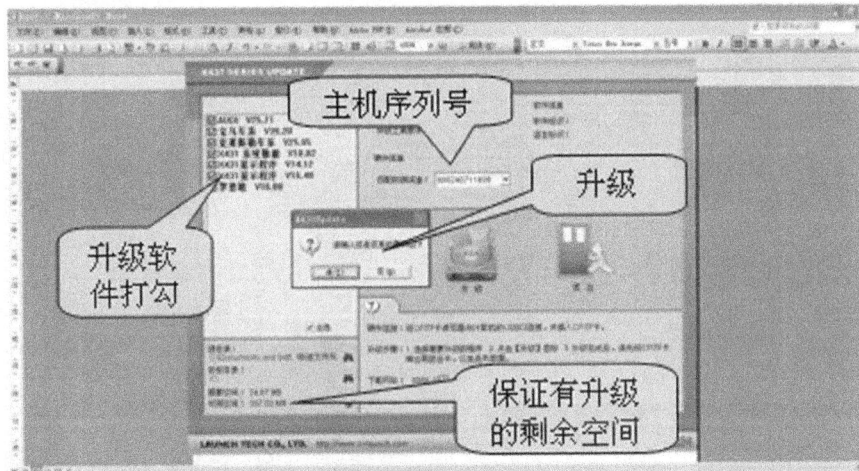

图 12-15

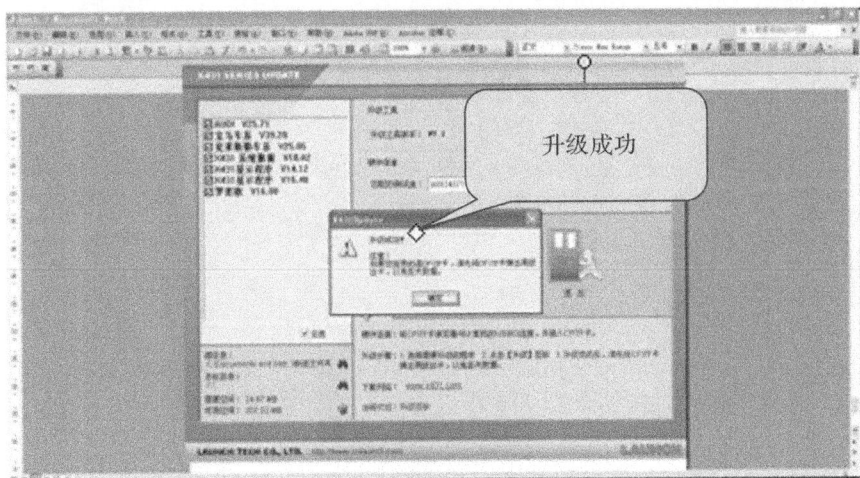

图 12-16

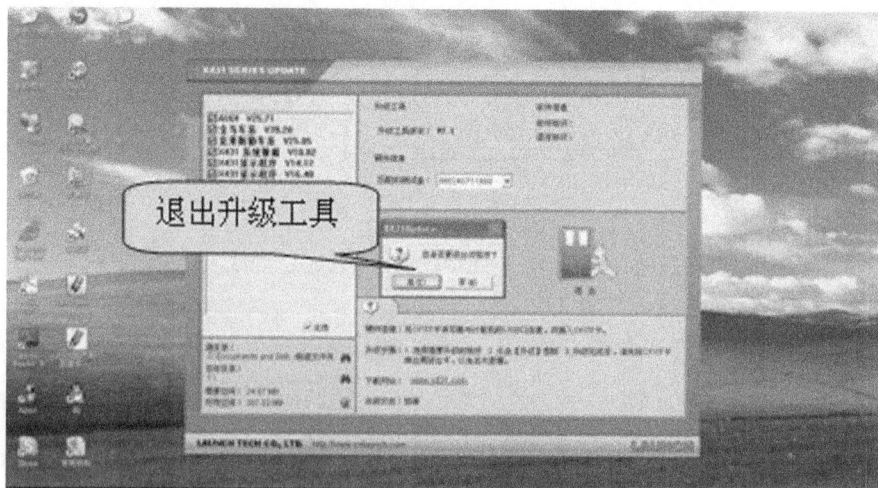

图 12-17

图 12-18

任务十三　气缸磨损检测量具的使用

【任务目标】

游标卡尺、千分尺和量缸表是汽车维修作业中常用的测量工具。了解它们的结构、读数方法,规范使用测量工具,是汽修维修人员必须掌握的维修技能,特别是检测气和磨损的必备量具。

【任务描述】

桑塔纳 2000 发动机排气管冒蓝烟,加速无力,可使用气缸磨损检测量具对发动机气缸进行检测。

【任务准备】

一、游标卡尺的使用

游标卡尺(如图 13-1 所示)是一种比较精密的量具,在测量中用得最多,通常用来测量精度较高的工件。它可测量工件的内、外经尺寸、长度、宽度和高度,有时还用来测量槽的深度。

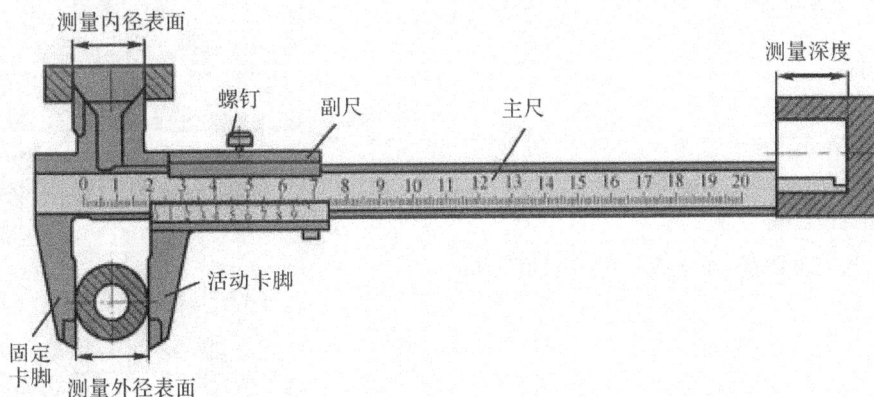

图 13-1

1.游标卡尺 3 步读数方法。

(1)根据副尺零线以左的主尺上的最近刻度读出整毫米数;

(2)根据副尺零线以右与主尺上的刻度对准的刻线数乘上 0.02 读出小数;

(3)将上面整数和小数两部分加起来,即为总尺寸。

举例说明

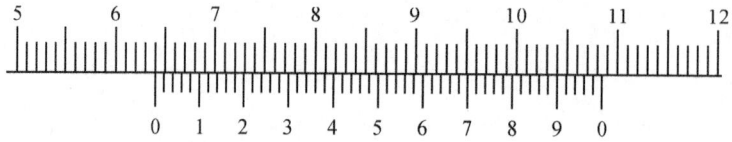

图 13-2

如图 13-2 所示，副尺 0 线所对主尺前面的刻度 64 mm，副尺 0 线后的第 9 条线与主尺的一条刻线对齐。副尺 0 线后的第 9 条线表示：$0.02 \times 9 = 0.18$ mm 所以被测工件的尺寸为：$64 + 0.18 = 64.18$ mm。

2.游标卡尺使用的注意事项。

注意事项	图示
(1)使用前，应先擦干净两卡脚测量面，校准。	
(2)测量工件时，卡脚测量面必须与工件的表面平行或垂直，不得歪斜。	
(3)读数时，视线要垂直于尺面，否则测量值读数不准确。	

续　表

注意事项	图示
(4)测量内径尺寸时,应轻轻摆动,以便找出最大值。	
(5)不能用力过大,以免卡脚变形或磨损,影响测量精度。	
(6)游标卡尺用完后,仔细擦净,平放在盒内。	

二、千分尺的使用

千分尺(如图 13-3 所示)又称螺旋测微仪,是一种用于测量内径、螺纹中径、齿轮公法线或深度等的长度测量工具。量程:0～25 mm,25～50 mm,50～75 mm,75～100 mm。测量精度:0.01 mm。测量精度比游标卡尺更高。

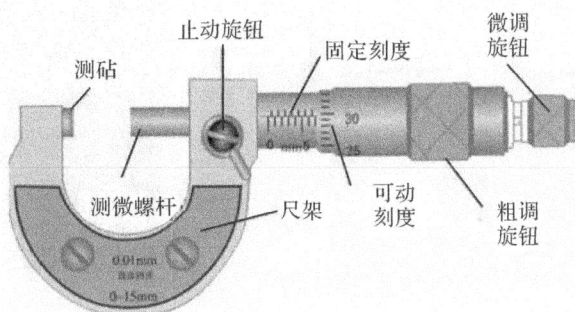

图 13-3　千分尺的结构

1.读数方法。

(1)先读固定刻度。

(2)半刻度,若半刻度线已露出,记作 0.5 mm;若半刻度线未露出,记作 0.0 mm;

(3)读可动刻度(注意估读),记作 $n \times 0.01$ mm;

(4)最终读数结果为固定刻度值＋半刻度值＋可动刻度值。

举例说明(如图 13-4 所示):

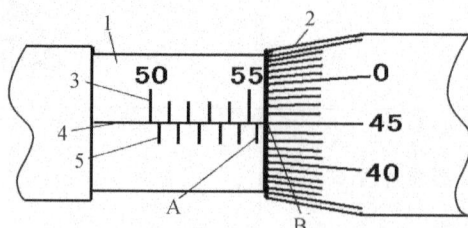

图 13-4

(1)读出至 0.5mm 的值:读出在套管刻度上可以看见的最大值 55.5 mm。

(2)读取 0.5 mm 以下 0.01 mm 以上的值:读取固定套管上的刻度与活动套管上的刻度对齐点的值 45,数值为 $45 \times 0.01 = 0.45$ mm。

(3)最终读数结果为固定刻度＋半刻度＋可动刻度:$55.5 + 0.45 = 55.95$ mm。

2.千分尺使用的注意事项。

注意事项	图示
(1)测量前将测量杆和砧座擦干净。	
(2)检查零位线是否准确。	

续　表

注意事项	图示
(3)测量时需把工件被测量面擦干净。	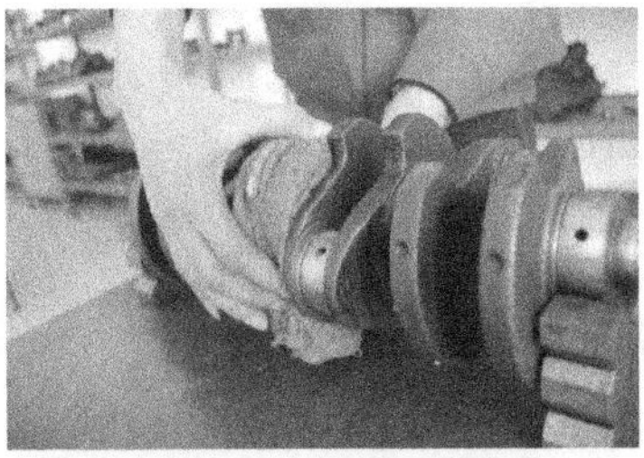
(4)工件较大时应放在 V 型铁或平板上测量。	
(5)测量时,注意要在测微螺杆快靠近被测物体时应停止使用旋钮,而改用微调旋钮,避免产生过大的压力,既可使测量结果精确,又能保护千分尺。	
(6)在读数时,要注意固定刻度尺上表示半毫米的刻线是否已经露出。	(a)半毫米的刻线没有露出。 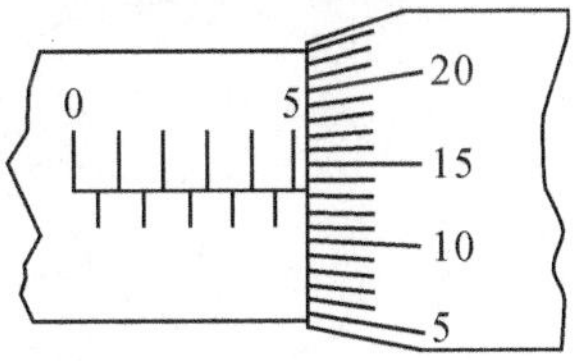 (b)半毫米的刻线已经露出。 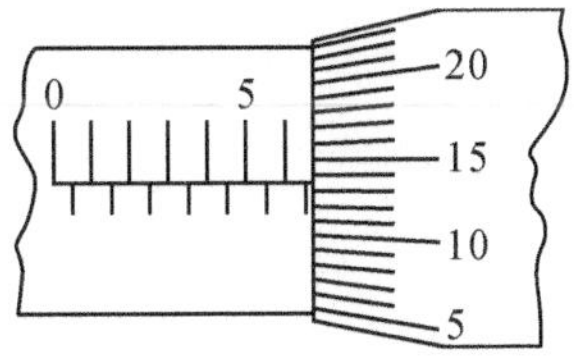

三、量缸表的使用

量缸表(如图 13-5 所示)用于测量汽车发动机气缸内经磨损程度,发动机气缸的磨损程度一般用圆度误差和圆柱度误差两个指标来衡量,其测量精度为 0.01 mm。

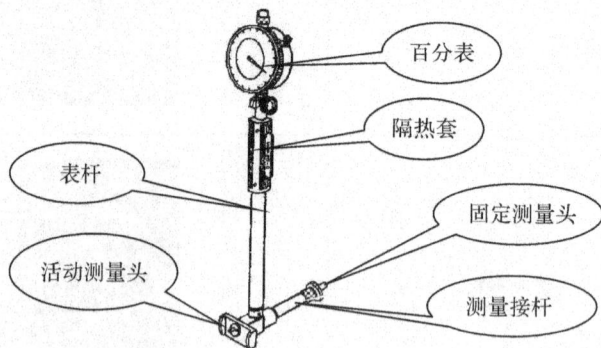

图 13-5　量缸表的结构

1.读数方法。

(1)百分表表盘(如图 13-6 所示)刻度为 100,大指针在圆表盘上转动一格为 0.01 mm,转动一圈为 1 mm,小指针移动一格为 1 mm。

(2)测量时,当表针顺时针方向离开"0"位,表示缸径小于标准尺寸的缸径,它是标准缸径与表针离开"0"位格数的差;若表针逆时针方向离开"0"位,表示缸径大于标准尺寸的缸径,应读表盘中小数字值。

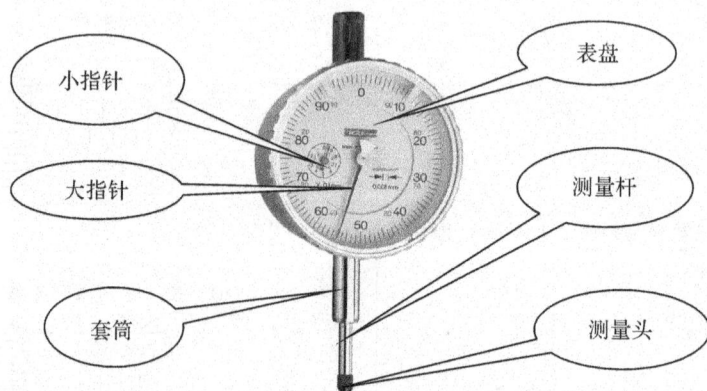

图 13-6　百分表结构

2.量缸表使用的注意事项

注意事项	图示
(1)被测表面应擦干净,百分表应避免与水、油污和灰尘接触。	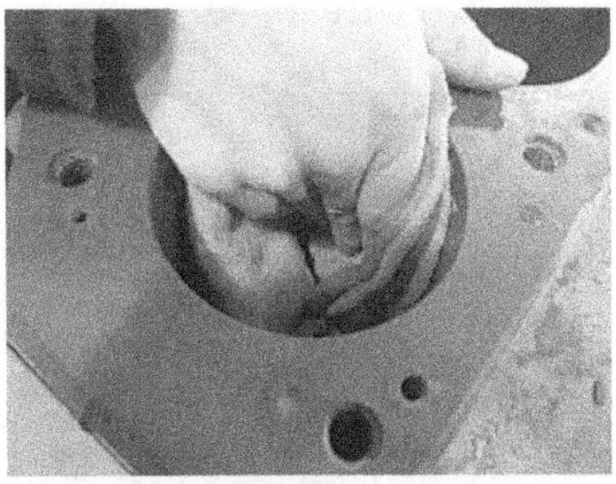
(2)为了便于读数,百分表表盘方向应与接杆平行或垂直。	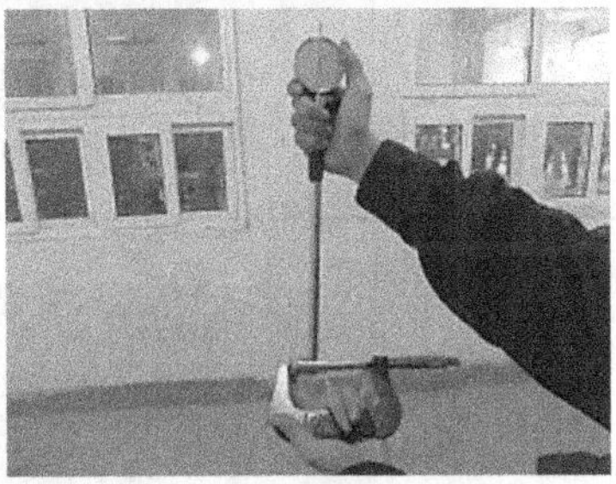
(3)测量时一定要慢慢将测量端放入缸体,当测量端放不进汽缸时千万不要硬放,否则会损坏量缸表。	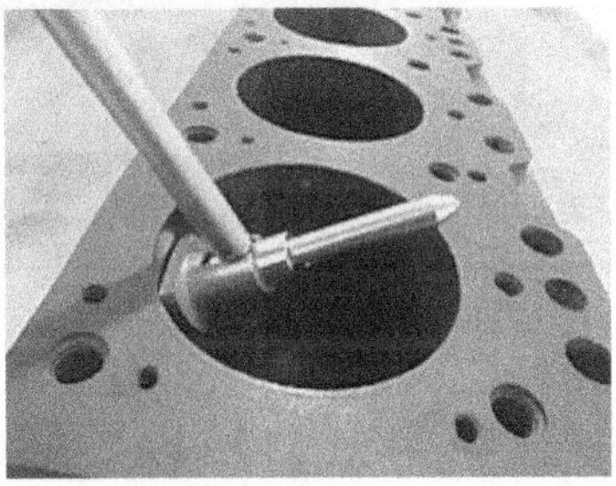
(4)测量气缸上部直径。将内径百分表的测杆伸入到气缸上部,对准第一道活塞环在上止点位置时所对应的汽缸壁位置。	

【任务实施】

一、游标卡尺的测量

操作内容	图示	注意事项
1.游标卡尺测量缸径。	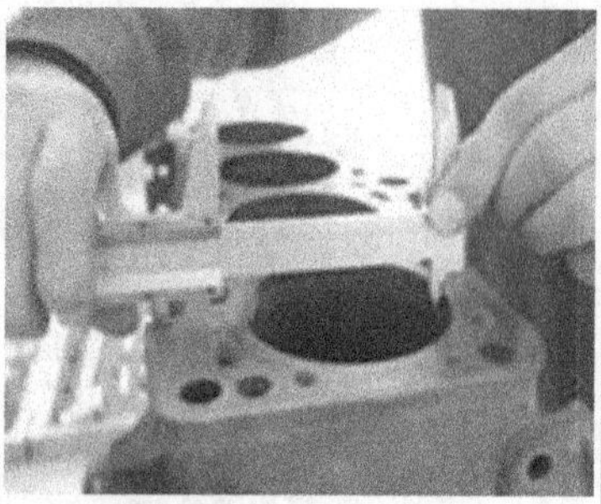	(1)使用前,应先擦干净两卡脚测量面,校准。 (2)测量工件时,卡脚测量面必须与工件的表面平行或垂直,不得歪斜,且用力不能过大,以免卡脚变形或磨损,影响测量精度。 (3)读数时,视线要垂直于尺面,否则测量值读数不准确。 (4)测量内径尺寸时,应轻轻摆动,以便找出最大值。 (5)游标卡尺用完后,仔细擦净,平放在盒内。
2.游标卡尺测量曲轴轴颈。		

二、千分尺测量曲轴轴颈圆度和圆柱度误差

操作步骤	图示	说明
1.准备量具。	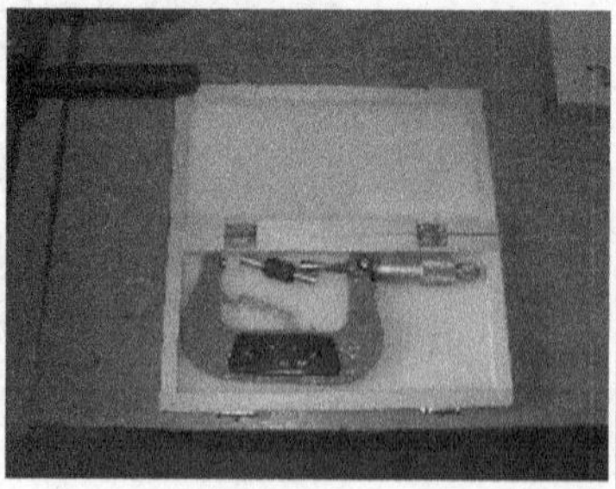	准备所需量具。

操作步骤	图　示	说　明
2.待测量部位清洁。		用毛巾擦拭,以免油污等影响测量精度。
3.径向轴径的测量。		测量时千分尺要垂直,取最大直径。
4.横向轴径的测量。		测量时要水平放置,取最大直径。
5.计算数值并分析判断。		将所得数据与标准值比较,判断曲轴是否需维修或更换。EQ6100 发动机主轴颈标准直径:75 mm。连杆轴颈标准直径:62 mm。磨损后的圆度和圆柱度误差不得大于 0.025 mm。
6.工位整理。		将使用过的量具进行清洁并放回原处。

三、量缸表的组装

操作步骤	图　示	说　明
1.清洁量缸表。		清洁量缸表的各组成零件,重点清洁测量头的位置和百分表的测量头。
2.根据所测气缸直径,选择合适的测量接杆。		所选测量接杆长度比缸径小 0.5～1 mm。
3.组装量缸表。		用手旋紧后,用专用工具再稍微紧固一下。
4.检查百分表指针灵活度。		检查百分表指针灵活度。

续　表

操作步骤	图　示	说　明
5.把百分表插入表杆上部。		(1)为了便于读数,百分表表盘方向应与接杆平行或垂直。 (2)装上百分表时要进行预压2~3 mm。
6.复查百分表指针的灵活度。		用手推动活动测量头,复查百分表指针的灵活度。
7.将装好的量缸表放入千分尺。		使前后测量头分别顶住外径千分尺前后测砧中央,并保证量缸表垂直位置。
8.百分表的表盘校零。		用右手大拇指轻轻转动百分表的表盘,大指针对零。

四、量缸表测量气缸的磨损

操作步骤	图　示	说　明
1.准备量具。		准备所需量具。
2.清洁待测量气缸。		用毛巾擦拭气缸内径表面。
3.清洁量具。		用毛巾擦拭量具。
4.游标卡尺测量缸径。		用游标卡尺测量缸径,便于选择合适的测量接杆。

续　表

操作步骤	图　示	说　明
5.调整测量接杆到标准缸径尺寸。		(1)先松开锁紧装置。 (2)测砧与测微螺杆间接触面要清洗干净。 (3)检查其零位是否校准。 (4)测量被测测量接杆。
6.组装量缸表。		(1)选取与气缸基本尺寸相对应的固定测杆和垫片,旋入量缸表杆的下端。 (2)将百分表装入表杆上端,并使伸缩杆有2 mm左右的压缩行程,紧固百分表,旋转表盘,使表针对正零位。
7.使用量缸表测量缸径。		(1)测量气缸上、中、下3个位置的纵向和横向上的气缸直径。(横向是指垂直曲轴轴线方向,纵向为平行曲轴轴线方向) (2)测量时应摆动量缸表,指针指示的最小值即为被测值,并将测得的值逐一记录下来。
8.记录数据分析判断。		将所得数据与标准值比较,并判断该气缸是否需维修。EQ6100发动机气缸使用极限为:圆度误差0.075 mm,圆柱度误差0.15 mm。
9.工位整理。		将使用过的工量具清洁后放入工具盒中。

【任务测评】

一、气缸测量考核表

序号	考核内容	分数	评分标准	扣分说明	得数
1	着装规范	2	酌情扣分		
2	检查量具、工件是否齐全	2	未检查扣2分		
3	清洁工作台	2	未清洁扣2分		
4	清洁缸体被测量部位	2	未清洁扣2分		
5	清洁游标卡尺	2	未清洁扣2分		
6	游标卡尺校零	2	未校零扣2分		
7	用游标卡尺测量气缸直径的基本尺寸	3	未测量扣3分		
8	清洁外径千分尺、清洁校量棒	2	未清洁扣2分		
9	外径千分尺校零	2	未校零扣2分		
10	按基本尺寸确定量缸表的定位基准尺寸	2	基准尺寸确定不正确扣2分		
11	清洁量缸表	2	未清洁扣2分		
12	正确选择测量杆及安装	3	选择不正确扣2分		
13	检查百分表指针灵活度	3	未检查扣2分		
14	清洁百分表测量头	2	未清洁扣2分		
15	百分表小指针正确预压	4	组装错误扣4分		
16	正确组装百分表及安装后复查大指针灵活度	3	预压不正确扣3分		
17	百分表大指针对零	5	大指针不对零扣5分		
18	正确把量缸表放入气缸内	3	放入不正确扣3分		
19	正确选择测量位置(上、中、下)和方向(纵向、横向)	12	每错一处扣2分		
20	读值(每缸3位置、2方向、6个数据)	18	每个数据有错误扣3分		
21	圆度和圆柱度计算(数据和计算值填入附表)	6	每错一处扣1分,扣完为止		
22	清洁整理量缸表	2	未清洁扣1分,未整理扣1分		
23	清洁外径千分尺	2	未清洁扣2分		
24	清洁游标卡尺	2	未清洁扣2分		

续　表

序号	考核内容	分数	评分标准	扣分说明	得数
25	整理工作台	2	未清洁扣 1 分， 未整理扣 1 分		
26	安全操作	10	跌落零件扣 2 分/次， 损坏量具扣 10 分， 扣完为止		
27	总分	100	成绩		

【任务拓展】

一、发动机气缸磨损后的主要现象

1.机油消耗量异常。

2.烧机油,排气管冒蓝烟。

3.燃烧室、火花塞、喷油器易积碳。

4.气缸压力下降,发动机动力降低。

5.发动机出现敲缸异响。

二、气缸的磨损规律

1.轴向截面的磨损规律:上大下小的锥形。

原因:润滑不良、机械磨损、酸性腐蚀和磨料磨损。

2.径向截面的磨损规律:磨成一个不规则的椭圆形。

原因:(1)做功行程时侧压力的影响;(2)曲轴轴向移动和气缸体变形的影响;(3)装配质量的影响;(4)结构因素的影响。

此外,在同一台发动机上,不同气缸磨损情况也不尽相同,一般水冷却发动机第一缸和最后一缸磨损较为严重。

三、气缸圆度和圆柱度误差

1.圆度误差:同一断面上不同方向最大与最小直径差值的一半作为圆度误差。

2.圆柱度误差:被测气缸表面任意方向不同断面所测得的最大与最小直径差值的一半。

发动机气缸磨损的程度以及圆度、圆柱度误差是决定发动机是否需要大修的主要依据,其直接影响到发动机的动力性和经济性。

四、气缸修理尺寸

当发动机气缸圆度、圆柱度误差超过规定的标准时,如汽油机的圆度误差超过 0.05 mm 或圆柱度误差超过 0.20 mm 时,结合最大磨损尺寸视情进行修理,镗缸或更换缸套。

EQ6100 发动机气缸使用极限为:圆度误差 0.075 mm,圆柱度误差 0.15 mm。

五、气缸修理尺寸的确定

1. 超过规定的标准时,应选择确定气缸的修理尺寸,并选配与气缸修理尺寸相对应的活塞、活塞环,以恢复气缸的正确几何形状和活塞与气缸的正常配合间隙。

2. 气缸直径除标准尺寸外,通常还有六级修理尺寸:每加大 0.25 mm 为一级,递增至 1.5 mm。EQ6100 发动机气缸有四级修理尺寸,最大不超过 1 mm。

3. 常用的气缸修理加大尺寸为 0.5 mm、1 mm、1.5 mm 三级。

4. 气缸修理尺寸计算:气缸修理尺寸＝最大磨损直径＋加工余量。

加工余量一般为:0.1～0.2 mm。

任务十四　曲轴检测量具的使用

【任务目标】

百分表是汽车维修作业中常用的测量工具,了解它们的结构、读数方法,规范使用测量工具,是汽车维修人员必须掌握的维修技能。

【任务描述】

桑塔纳 2000 轿车发动机工作不平稳,曲轴箱有异响,使用百分表测量其曲轴进行检测。

【任务准备】

一、百分表的使用(有磁性表座的百分表)

百分表(如图 14-1 所示)是用来检测零件或夹具的安装位置,检验零件的形状精度或相互位置精度的,测量精度为 0.01 mm。

图 14-1　有磁性表座百分表的结构

1.读数方法。

百分表表盘刻度为 100,大指针在圆表盘上转动一格为 0.01 mm,转动一圈为 1 mm;小指针移动一格为 1 mm。

2.百分表使用的注意事项。

注意事项	图示
(1)使用前,应检查测量杆活动的灵活性。即轻轻推动测量杆时,测量杆在套筒内的移动要灵活,没有任何卡滞现象,且每次放松后,指针能回复到原来的刻度位置。测量时,不要超过它的测量范围。	
(2)必须把百分表可靠固定,以免测量结果不准确或摔坏百分表。	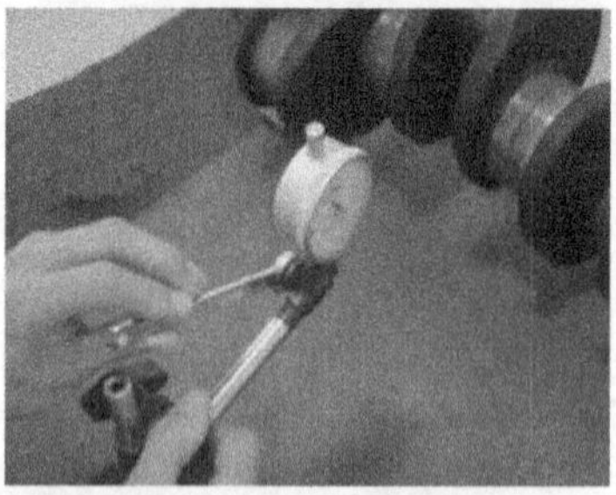
(3)用夹持百分表的套筒来固定百分表时,夹紧力不要过大,以免因套筒变形而使测量杆活动不灵活。	
(4)测量杆必须垂直于被测量表面,否则会产生误差。	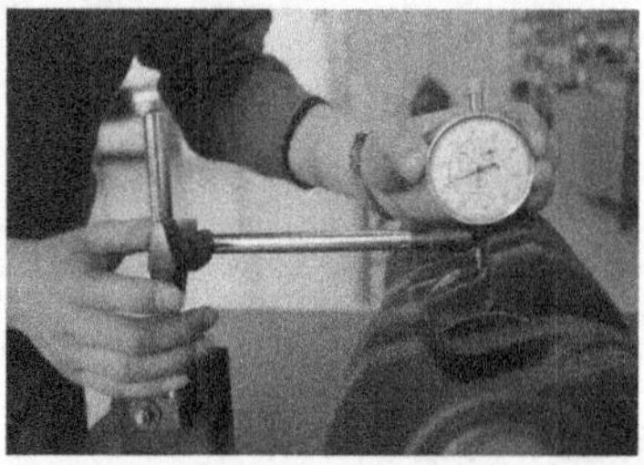
(5)不要使测量头撞在零件上,不要把零件强迫推入测量头下,免得损坏百分表的机件而失去精度。严格禁止用百分表测量表面粗糙或有明显凹凸不平的零件。	

续　表

注意事项	图示
（6）用百分表校正或测量零件时，应当使测量杆有一定的初始测力。即在测量头与零件表面接触时，测量杆应有1～3mm的压缩量。	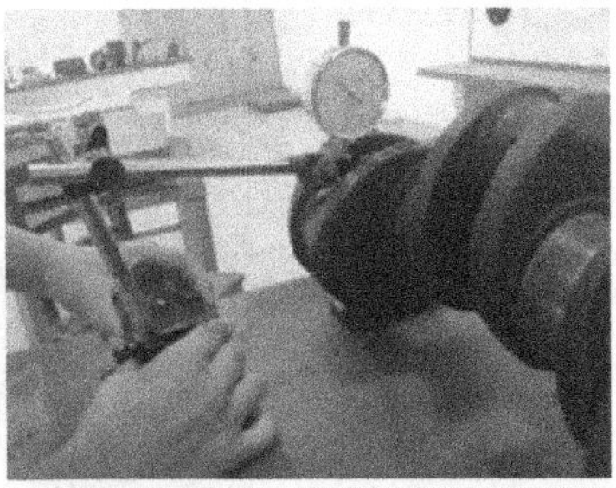

【任务实施】

一、有磁性表座百分表的组装

操作步骤	图　示	说　明
1.固定磁性表座。		逆时针旋转磁性开关至限位处，磁性表座与被吸附金属面吸牢。
2.安装连接件。		在磁性底座右侧的螺纹杆上装上连接件。
3.安装立柱。	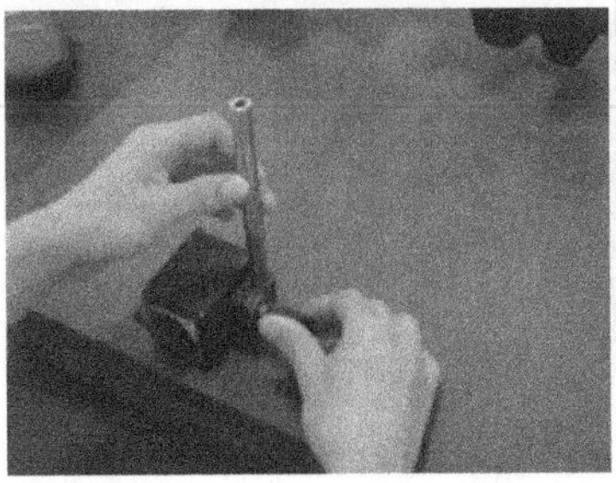	将立柱插入连接件，旋紧螺母，防止松动。

操作步骤	图 示	说 明
4.安装旋钮。		在连接件的右侧装上一只大的垫片,装上旋钮并旋紧。
5.安装连接件。		把连接件相互套装在一起,注意孔要完全对齐。
6.安装横杆。		将横杆插入连接件中,旋紧螺母,防止松动。
7.安装小垫片。		在横杆的螺纹端装上一只小垫片。
8.安装连接件。		小垫片右侧装上连接件。

续　表

操作步骤	图　示	说　明
9. 安装小垫片、小螺母。	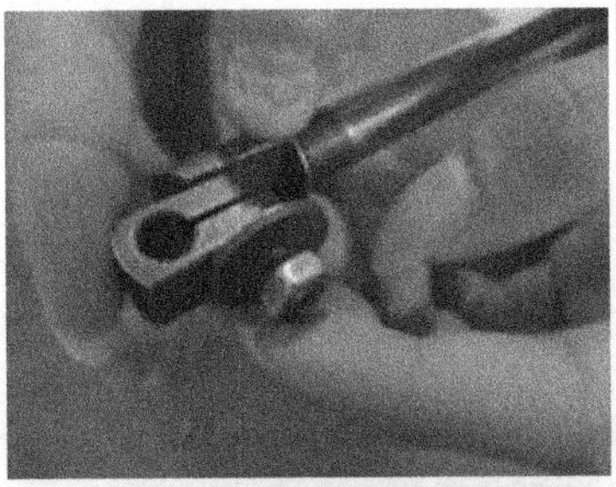	连接件右侧再装上一只小垫片,装上螺母并旋紧。
10. 安装百分表。	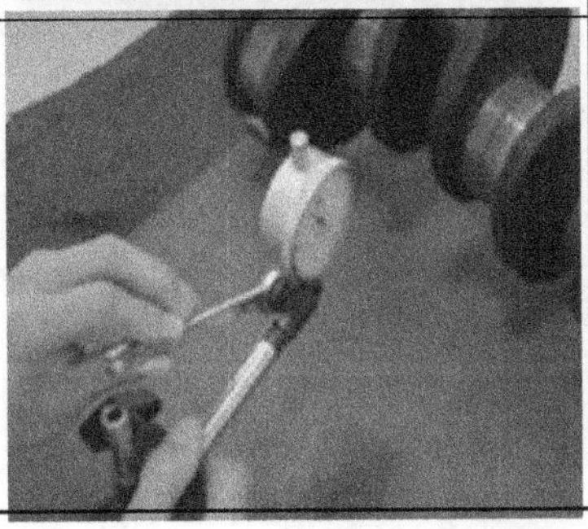	安装百分表,观察百分表的灵活性,旋紧螺母。

二、百分表测量曲轴的弯曲度和扭曲度

(一)曲轴弯曲的检测

操作步骤	图　示	说　明
1. 将曲轴放置 V 型块上。		V 型块置于检测台上,将曲轴主轴颈支撑在 V 型块。
2. 清洁待测量部位。		用毛巾擦拭,以免油污等影响测量精度。

操作步骤	图　示	说　明
3. 百分表灵活度的检查。		检查百分表的状况，推动表头看指针的灵活度，应能迅速归零。
4. 磁性表座及百分表的安装。		各连接螺栓的旋紧力要适中。
5. 调整百分表。		使百分表的测量触点垂直抵压到中间主轴颈上。调整表头使大指针指在 0 刻度。
6. 曲轴弯曲的测量。		用百分表触头抵住中间主轴颈，慢慢转动曲轴一周，百分表所示最大摆量除以 2 即为弯曲度，其值不得大于 0.15 mm。
7. 工位清洁。		将使用过的工具进行清洁并放回工具箱。

（二）曲轴扭曲度的测量

操作步骤	示意图	操作说明
1.将曲轴放置在 V 型块上。		V 型块置于检测台上，架好曲轴。
2.调整百分表。		使百分表的测量触点垂直抵压到 1 缸连杆轴颈上，调整表头使大指针指在 0 刻度。
3.曲轴扭曲的测量。		松开磁性表座开关，慢慢将百分表平移到 6 缸连杆轴颈上，得到两连杆轴颈的高度差，通过公式 $\theta = 360 \triangle H / 2\pi R$，$\triangle H$ 为高度差，得出扭转的角度，应符合标准。
4.工位清洁。		将使用过的工具进行清洁并放回工具箱。

【任务测评】

一、曲轴测量考核表

序号	考核内容	分数	评分标准	扣分说明	得数
1	着装规范	2	酌情处理		
2	检查量具、工件是否齐全	2	未检查扣2分		
3	清洁工作台	2	未清洁扣2分		
4	清洁曲轴	2	未清洁扣2分		
5	清洁千分尺、校量棒	2	未清洁扣2分		
6	千分尺校零	2	未校零扣2分		
7	曲轴连杆轴颈上下方向测量位置的选择	2	位置选择错误扣2分		
8	上下方向外径千分尺的测量操作	2	测量操作错误扣4分		
9	数据的读取	2	读数错误扣6分		
10	数据的记录	2	数据记录错误扣4分		
11	曲轴连杆轴颈左右方向测量位置的选择	2	位置选择错误扣2分		
12	左右方向外径千分尺的测量操作	2	测量操作错误扣4分		
13	数据的读取	2	读数错误扣6分		
14	数据的记录	2	数据记录错误扣4分		
15	清洁磁性表座	2	未清洁扣2分		
16	磁性表座安装顺序	2	安装错误一次扣1分		
17	磁性表座安装熟练程度	3	安装不熟练扣3分		
18	垫片的安装	4	垫片安装错误一次扣1分		
19	横杆与立柱的位置调整	2	未调整扣2分，不到位扣1分		
20	检查百分表指针回位灵敏性	2	未检查扣2分		
21	清洁百分表	2	未清洁扣2分		
22	百分表的安装	3	安装错误扣3分		
23	百分表测头位置调整	2	测头位置调整不对扣2分		
24	选择弯曲度测量部位	2	测量部位错误扣2分		

续　表

序号	考核内容	分数	评分标准	扣分说明	得数
25	百分表小指针预压	3	小指针不到位扣3分		
26	平移百分表,找到最大摆动量	3	未找到最大摆动量扣3分		
27	百分表大指针校零	2	大指针未极零扣2分		
28	读数	3	读数错误扣3分		
29	数据记录	2	数据记录错误扣2分		
30	选择扭曲度测量部位	2	测量部位错误扣2分		
31	百分表小指针预压	3	小指针不到位扣3分		
32	平移百分表,找到最大摆动量	2	未找到最大摆动量扣2分		
33	百分表大指针校零	3	大指针未极零扣3分		
34	平移百分表测量高度差并读数	3	读数错误扣6分		
35	数据记录	2	数据记录错误扣2分		
36	测量数据分析	4	数据不写扣4分,数据没有分析扣4分		
37	分解百分表、磁性表座	2	操作不当扣2分		
38	清洁整理百分表、磁性表座	2	未清洁整理扣2分		
39	清洁曲轴	2	未清洁扣2分,未整理扣2分		
40	清洁工作台	2	未清洁扣2分,未整理扣2分		
41	安全操作	8	跌落零件扣2分/次,损坏量具扣8分,扣完为止		
42	总分	100	成绩		

【任务拓展】

曲轴磨损量、圆度、圆柱度误差、弯曲度、扭曲度的测量。

1.曲轴磨损量的测量。

用千分尺分别测量曲轴的主轴颈、连杆轴颈的磨损量,磨损量不大于0.15 mm。

★EQ6100发动机曲轴:(1)主轴颈标准直径为75 mm;(2)连杆轴颈标准直径为62 mm。

2.曲轴圆度误差的测量。

用千分尺测量主轴颈、连杆轴颈纵横两段外径尺寸,在轴颈的同一横断面最大直径与最小直径差的一半(即圆度误差)。

★计算公式:圆度误差 $\varphi=(d_{max}-d_{min})/2$,取3个截面中的 φ_{max}。磨损后的圆度误差不得

大于 0.025mm,超过标准要求时,可用曲轴磨床按修理尺寸法对轴颈进行修磨。

3.曲轴圆柱度误差的测量。

★计算公式:3 个截面、6 个数据中 $(d_{max}-d_{min})/2$,圆柱度误差不得大于 0.025 mm。

超过标准要求时,可用曲轴磨床按修理尺寸法对轴颈进行修磨。

4.曲轴弯曲度的测量。

(1)将曲轴两端主轴颈支承在 V 型块上;

(2)用百分表触头抵住中间主轴颈,慢慢转动曲轴一周,百分表所示最大摆量除以 2 即为弯曲度,其值不得大于 0.15mm,若大于 0.15 mm,则应进行压力校正。低于此限,可结合磨削主轴颈予以修正。

5.曲轴扭曲度的测量。

将曲轴的第一和第七道主轴颈支承在平板上的 V 型块上,然后把第一和第六缸连杆轴颈转动到水平位置,在这两个同位连杆上测得的高度差即为曲轴的扭转量,并由此求得扭转角 $\theta=360\Delta H/2\pi R \approx 57\Delta H/R$。

式中:R 为曲柄半径(mm)。EQ6100:$R=57.5\pm0.1$(mm)。

曲轴若发生轻微的扭曲变形,可直接在曲轴磨床上结合对连杆轴颈磨削时予以修正。曲轴扭曲变形的校正可采用液压扳杆扭转校正法。

任务十五　万用表的使用

【任务目标】

1. 了解万用表各挡位和用途。
2. 掌握万用表各量程的选测方法。
3. 能正确连接表笔和表头。
4. 学会使用万用表进行测量。

【任务描述】

万用表是汽车维修技术人员不可缺少的工具之一。当汽车电子元件出现故障进行检查时,最重要的是测量数据和故障原因的推理过程。因为电子元件内部的情况不像机械部件能拆开看见,而利用合理的逻辑步骤检测可很快发现问题,在这个过程中的关键工具就是万用表。

【任务准备】

汽车万用表一般具备下述功能:

1. 测量交、直流电压。考虑到电压的允许变动范围及可能产生的过载,汽车万用表应能测量大于 40 V 的电压值,但测量范围也不能过大,否则读数的精度下降;

2. 测量电阻。汽车万用表应能测量 1 MΩ 的电阻,测量范围大一些使用起来较方便;

3. 测量电流。汽车万用表应能测量大于 10 A 的电流,测量范围再小则使用不方便;

4. 记忆最大值和最小值。该功能用于检查某电路的瞬间故障;

5. 模拟条显示。该功能用于观测连续变化的数据;

6. 测量脉冲波形的频宽比和点火线圈一次侧电流的闭合角。该功能用于检测喷油器、怠速稳定控制阀、EGR 电磁阀及点火系统等的工作状况;

7. 测量转速;

8. 输出脉冲信号。该功能用于检测无分电器点火系统的故障;

9. 测量传感器输出的电信号频率;

10. 测量二极管的性能;

11. 测量大电流。配置电流传感器(霍尔式电流传感夹)后,可以测量大电流;

12. 测量温度。配置温度传感器后可以检测冷却水温度、尾气温度和进气温度等。

【任务实施】

一、数字万用表档位认识

操作步骤	图 示	说 明
1.准备仪器。		1.万用表表笔。 2.万用表。 3.温度测量头。
2.万用表界面1。		1.电源开关。 2.屏幕锁定。
3.万用表界面2。		1.测电阻挡。 2.测直流电压挡。 3.测交流电压挡。 4.测转速挡。 5.测温度插孔。 6.测闭合角挡。
4.万用表界面3。		7.测蜂鸣挡。 8.测占空比。 9.测直流电流挡。 10.测交流电流挡。 11.晶体管。

续 表

操作步骤	图 示	说 明
5.万用表界面4。		12.检测晶体管极性。 13.测电流红表笔插孔。 14.测其他红表笔插孔。 15.黑表笔插孔。

★操作注意事项：

1.注意了解万用表各挡位的量程范围；

2.表笔各插孔测量功用区分清楚；

3.万用表不用时关闭电源开关。

二、数字万用表的使用

操作步骤	图 示	说 明
1.交流电压测量。		1.将黑表笔插入 COM 端口,红表笔插入 VΩ 端口。 2.功能旋转开关打至 V～（交流）,V～（直流）,并选择合适的量程。 3.红表笔探针接触被测电路正端,黑表笔探针接地或接负端,即与被测线路并联。 4.读出 LCD 显示屏数字。
2.直流电压测量。		

操作步骤	图　示	说　明
3.测电阻。	 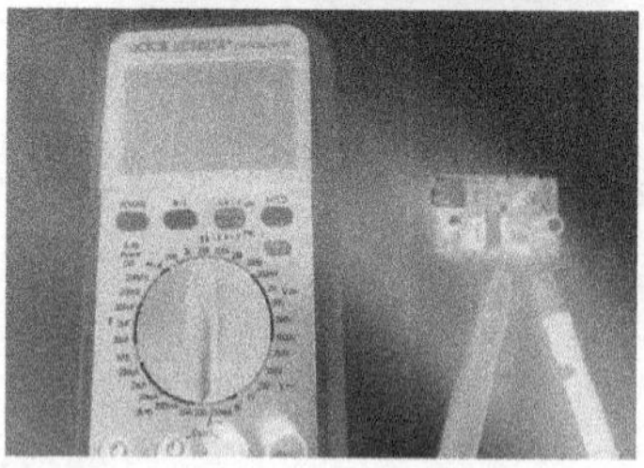	1.关掉电路电源。 2.选择电阻挡"Ω"。 3.将黑色测试探头插入 COM 插口。红色测试探头插入 VΩ 插口。 4.将探头前端跨接在器件两端,或你想测电阻的那部分电路两端。 5.查看读数,确认测量单位—欧姆(Ω),千欧(kΩ)或兆欧(MΩ)。
4.二极管的测量。		二极管好坏的判断:转盘打在"C"档,红表笔插在右一孔内,黑表笔插在右二孔内,两支表笔的前端分别接二极管的两极,如左图所示,然后颠倒表笔再测一次。
5.测量电容。	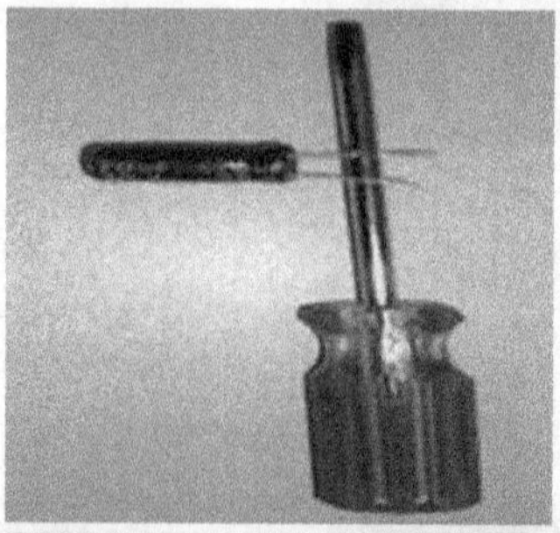 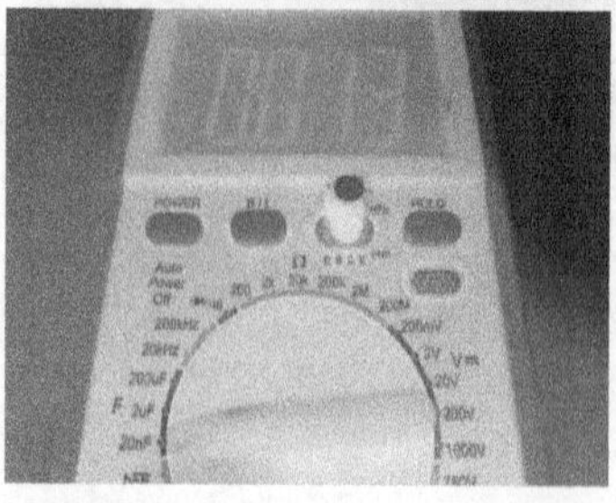	1.将电容两端短接,对电容进行放电,确保数字万用表的安全。 2.将功能旋转开关打至电容"C"测量挡,并选择合适的量程。 3.将电容插入万用表 C-X 插孔。 4.读出 LCD 显示屏上数字。

续　表

操作步骤	图　示	说　明
6.结束测量,整理仪器。		关闭电源,拆下导线,整理仪器,清洁场地。

★操作注意事项:

1.在测电流、电压时,不能带电换量程;

2.选择量程时,要先选大的,后选小的,尽量使被测值接近于量程;

3.测电阻时,不能带电测量。因为测量电阻时,万用表由内部电池供电,如果带电测量则相当于接入一个额外的电源,可能损坏表头;

4.用毕,应使转换开关在交流电压最大挡位或空挡上。

三、数据记录表

测量内容	数据		
直流电压值			
交流电压值			
电阻值			
电容值			
电流值			

【任务测评】

一、万用表档位功能认识考核表

序号	考核内容	评分标准	分数	扣分说明	得分
1	1.电源开关 2.屏幕锁定	酌情扣分	10		
2	1.测电阻挡 2.测直流电压挡 3.测交流电压挡 4.测转速挡 5.测温度插孔	指错一次扣5分	25		

续 表

序号	考核内容	评分标准	分数	扣分说明	得分
3	6.测闭合角挡 7.测蜂鸣挡 8.测占空比 9.测直流电流挡 10.测交流电流挡	指错一次扣5分	25		
4	11.晶体管 12.检测晶体管极性 13.测电流红表笔插孔 14.测其他红表笔插孔 15.黑表笔插孔	指错一次扣5分	25		
5	万用表电池的安装	操作错误一次扣10分	10		
6	安全规范	出现安全事故或违规操作扣5分	5		
7	总分	100	成绩		

二、万用表测量考核表

序号	考核内容	评分标准	分数	扣分说明	得分
1	仪器的准备	酌情扣分	10		
2	能选择合适的表笔插孔	操作错误一次扣2分	10		
3	选择和测量内容相符的挡位	操作错误一次扣5分	20		
4	选择合适的量程	操作错误一次扣5分	20		
5	会正确读取测量数值	操作错误一次扣2分	10		
6	所测数据记录	数据记录错误一次扣2分	5		
7	整理仪器清洁场地	酌情扣分	10		
8	安全规范	出现安全事故或违规操作扣15分	15		
9	总分	100	成绩		

【任务拓展】

一、汽车万用表的量程

1.直流电压:400 mV—400 V(精度±0.5%),(1 000±1%)V。

2.交流电压:400 mV—400 V(精度±1.2%),(750±1.5%)V。

3.直流电流:(400±1%)mA,(20±2%)A。

4.交流电流:(400±1%)mA,(20±2.5%)A。

5. 电阻: $(400\pm1\%)0,4$ kΩ—4 MΩ(精度±1%),$(400\pm2\%)$MΩ。

6. 频率:4—4kHz(±0.05%),最小输入 10 Hz。

7. 二极管检测:精度±1%dgt。

8. 电路通断音频信号测试。

9. 温度检测:18—300 ℃(精度±3 ℃),301—1 100 ℃(精度±3%)。

10. 转速:150—3 999 r/min(精度±0.3%),4 000—10 000 r/min(精度±0.6%)。

11. 闭合角:±0.50。

12. 频宽比:±0.2%。

二、使用注意事项

1. 如果无法预先估计被测电压或电流的大小,则应先拨至最高量程挡测量一次,再视情况逐渐把量程减小到合适位置。测量完毕,应将量程开关拨到最高电压挡,并关闭电源。

2. 满量程时,仪表仅在最高位显示数字"1",其他位均消失,这时应选择更高的量程。

3. 测量电压时,应将数字万用表与被测电路并联。测电流时应与被测电路串联,测直流量时不必考虑正负极性。

4. 当误用交流电压挡去测量直流电压,或者误用直流电压挡去测量交流电压时,显示屏将显示"000",或低位上的数字出现跳动。

5. 禁止在测量高电压(220 V 以上)或大电流(0.5 A 以上)时换量程,以防止产生电弧,烧毁开关触点。

6. 当显示"BATT"或"LOW BAT"时,表示电池电压低于工作电压。

任务十六　OTC 示波器的使用

【任务目标】

1. 掌握 OTC 示波器各部件的名称和用途。

2. 熟练掌握 OTC 示波器的连接方法。

3. 学会 OTC 示波器的按键的使用。

4. 掌握运用 OTC 示波器进行传感器波形测试。

【任务描述】

在现代汽车维修检测手段中，维修人员最常用的工具就是故障诊断仪和万用表了。依靠这两种检测工具，维修人员能够解决大部分电控系统和电路的故障。即使碰到一些难以解决的故障，维修人员也可以通过换件等方式想办法快速找到故障点。但是，不少维修人员发现有些故障在看似排除之后，往往会在不久后重新出现，这说明故障并没有彻底排除，但是通过故障诊断仪、万用表又难以检测出故障原因，于是这些故障被定义为"疑难杂症"。其实，在不少被认为是"疑难杂症"的故障案例中，如果再多采用一种检测方式，那么故障的根源就会明朗许多，这种方式就是采用示波器检测。因此，对于一些掌握了现代汽车维修技能的维修人员来说，示波器也是他们快速诊断故障的必要的检测设备之一。

【任务准备】

一、示波器一般功能

1. 可测试发动机传感器、执行器、电路和点火系，并能进行故障诊断。

2. 具有汽车万用表功能，可测试电压、电阻、闭合角、周期、正负峰值、峰值电压、喷油脉冲、喷油时间、点火电压和燃烧时间等。有的示波器内部还置有汽车数据库和标准波形，使判断故障更为方便。

3. 能提供在线帮助，包括提供系统工作原理、测试连接方法、接线颜色等。

4. 有记录、回放功能，可捕捉到瞬间出现的故障。

5. 有的示波器提供 RS—232 接口，可与 PC 机进行数据通信。

6. 有的示波器借助软件，可通过网络免费更新数据并升级。

二、OTC 示波器仪器操作界面说明（如图 16-1 所示）

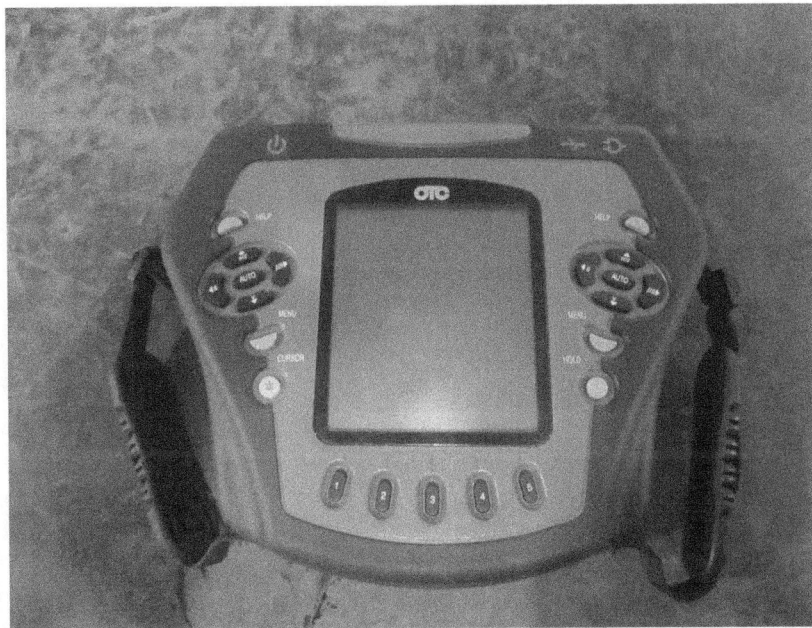

图 16-1

　　OTC3840C 汽车专用示波器的主机看上去非常小巧。主机的正面，所有的控制键布置在显示屏的两侧和下方。其中，左右两侧的控制键除了左侧的"CURSOR（游标）"键和右侧的"HOLD（保持）"键外，其他控制键的功能完全相同，包括 4 个方向选择键、"HELP（帮助）"键、"AUTO（自动）"键和"MENU（主菜单）"键。这样的布局更有利于操作人员按照自己的习惯进行操作，提高操作效率，这也能看出这款示波器设计的人性化之处。显示屏的下方有5 个功能键，在主机运行时，功能键对应显示屏最下侧不同的功能区，供操作人员选择。示波器主机背面有折叠的支架和挂钩，操作人员可以手持操作，也可以将其挂在打开的发动机舱盖上或者支放在发动机舱边上进行操作。

【**任务实施**】

一、OTC 示波器的安装

操作步骤	图 示	说 明
1.准备仪器。		OTC 示波器放到操作台上。
2.连接点火次级测试线。		根据文字提示连接导线,插入插头时,先拉锁止环,然后对正插头上的条形凸起和插孔内的凹槽。
3.连接感应传感器。		根据文字提示连接导线,插入插头时,对正插头上的凹槽和插孔内的条形凸起。
4.连接电源线。		打开电源开关,进行仪器的预热。

操作步骤	图　示	说　明
5.接地测试线连接车身搭铁。		将卡夹卡在发动机机体上即可。
6.将转速测量钳夹在发动机分缸线上。		次级测试卡夹卡在要测的点火线圈次级高压线上即可。

★操作注意事项:

1.待测车辆要停放可靠,严格遵守安全操作规范;

2.操作过程要严格按照仪器提示进行,不得随意更改项目进程;

3.测量钳应连接牢固可靠,以免损伤;

4.不得随意起动发动机,以免发生危险。

二、OTC 示波器的使用

操作步骤	图　示	说　明
1.接通电源。		打开仪器上的电源开关。

操作步骤	图　示	说　明
2.进行仪器的设置操作。		要设置正确,否则影响测量。
3.测试参数的设置。		进入相应测试界面设置参数。
4.波形的测量。		起动发动机,待发动机运转稳定后,测试发动机各工况下的信号波形。
5.分析所测波形。		记录仪器显示屏上的实际测量波形,将数据与发动机标准值进行对照,确定所测部件性能是否符合要求。
6.结束测量,整理仪器。		关闭电源,拆下导线,整理仪器,清洁场地。

★操作注意事项：

1.读取测量数据前，不要让发动机怠速运转时间过长。在发动机暖机后，才能使用OTC 示波器检测；

2.在进行变工况测试中，要让加速踏板稳住后再读取测量数据。

【任务测评】

一、OTC 示波器的安装考核表

序号	考核内容	评分标准	分数	扣分说明	得分
1	仪器的准备	酌情扣分	15		
2	连接点火次级测试线	操作错误一次扣10分	10		
3	连接感应传感器	操作错误一次扣10分	15		
4	连接电源线	操作错误一次扣10分	15		
5	接地测试线连接车身搭铁	操作错误一次扣10分	15		
6	转速测量钳夹的安装	操作错误一次扣10分	15		
7	安全规范	出现安全事故或违规操作扣15分	15		
8	总分	100	成绩		

二、OTC 示波器的使用考核表

序号	考核内容	评分标准	分数	扣分说明	得分
1	仪器的准备	酌情扣分	10		
2	连接点火次级测试线	操作错误一次扣2分	5		
3	连接感应传感器	操作错误一次扣2分	5		
4	连接电源线	操作错误一次扣2分	5		
5	接地测试线连接车身搭铁	操作错误一次扣2分	5		
6	转速测量钳夹的安装	操作错误一次扣2分	5		
7	仪器的自检检查	操作错误一次扣2分	5		
8	仪器的连接	设置错误一次扣5分	15		
9	仪器的设置操作	操作错误一次扣2分	5		
10	测试参数的设置	操作错误一次扣2分	5		
11	所测数据分析	数据记录错误一次扣5分	10		

续　表

序号	考核内容	评分标准	分数	扣分说明	得分
12	整理仪器、清洁场地	酌情扣分	10		
13	安全规范	出现安全事故或违规操作扣15分	15		
14	总分	100	成绩		

【任务拓展】

汽车电子信号的五大类型

当今汽车系统中存在5种基本类型的电子信号，把这5种基本的汽车电子信号称为"五要素"。"五要素"可以看成是控制系统中各个传感器、控制电脑和其他设备之间相互通信的基本语言，就像英语的字母，它们都有不同的"发音"。正是"五要素"中各自不同特点，构成用于不同通信的目的。

1. 直流（DC）信号。

在汽车中产生直流（DC）信号的传感器或电源装置有——蓄电池电压或控制电脑（PCM）输出的传感器信号电压。模拟传感器信号——发动机冷却水温度传感器、燃油温度传感器、进气温度传感器、节气门位置传感器、废气温再循环压强和位置，翼板式或热丝式空气流量计、真空和节气门开关，以及通用汽车、克莱斯勒汽车和亚洲汽车的进气压力传感器。

2. 交流（AC）信号。

在汽车中产生交流（AC）信号的传感器和装置有：车速传感器（VSS）、防滑制动轮速传感器、磁电式曲轴转角（CKP）和凸轮轴（CMP）传感器，从模拟压力传感器（MAP）信号得到的发动机真空平衡波形、爆震传感器（KS）。

3. 频率调制信号。

在汽车中产生可变频率信号的传感器和装置有：数字式空气流量计、福特数字式进气压力传感器、光电式车速传感器（VSS）、霍尔式车速传感器（VSS）、光电式凸轮轴和曲轴转角（CKP）传感器、霍尔式凸轮轴（CAM）和曲轴转角（CKP）传感器。

4. 脉宽调制信号。

在汽车中产生脉宽调制信号的电路或装置有：初级点火线圈、电子点火正时电路、废气再循环控制（EGR）、净化、涡轮增压和其他控制电磁阀、喷油嘴、怠速控制马达和电磁阀。

5. 串行数据（多路）信号。

若汽车中具备自诊断能力和其他串行数据送给能力的控制模块，则串行数据是由发动机控制电脑（PCM），车身控制电脑（BCM）和防滑制动系统（ABS）或其控制模块产生。